하늘의 별처럼 / 수만 가지 감사들

이 소중한 책을

특별히 _____님께

드립니다.

하늘의 별처럼
수만 가지 감사들

옥덕자 원장 지음

나침반

머리말

감사는 믿음을 든든히 세우고, 기도를 든든히 세운다

내 힘으로 되는 것이 없고 내 힘으로 이길 수 없는 것이 현실이다. 그러나 지나간 일도 현재 일도 앞으로의 소망도 다 주님의 은혜다.

우리가 아무리 은혜와 응답을 받고 큰 복을 받아도 감사가 없으면 툭툭 터지는 실과 같다. 잘 될 때 감사하면 믿음이 더든든히 세워지고 어려울 때 감사하면 이겨내는 보약이 된다.

누구나 다 안다고 쉽게 여기고 넘어갈 수 있지만 "감사하라"라는 계명은 엄청난 능력과 축복이 보장되어 있다. 그런데 이것을 가볍게 여기고 실천을 하지 않아 엄청난 비밀과 사랑과 능력, 축복을 흘려보내고 마귀에서 뺏기고 누리지 못하고 살고 있다.

자신을 다스리지 못하고 문제를 다스리지 못하고 사탄을 다스리지 못해 또 세상과 물질과 가난과 질병과 실패와 시험을 이기지 못하고 다스리지 못해 그토록 방황하고 탄식하며 절규하면서 몸부림쳤다. 아무리 말씀을 읽어도 기도를 해도 찬송

을 해도 그때뿐이었다. 그러나 감사를 시작할 때 꽁꽁 닫히고
얼어 붙었던 마음이 열리기 시작했다. 감사를 선포하며 매사
에 감사할 때 주님의 음성이 들리기 시작했다. 감사가 없을 때
는 심령이 메말랐지만 감사가 터질 때 심령이 물댄동산이 되
기 시작했다.

"범사에 감사하라!"
　짧은 구절이지만 기적의 위력이 나타난다. 감사로 철저히
나를 이기고, 죄를 이기고, 육의 소욕을 이기고, 인본주의를 이
기고, 사탄을 이기게 됨을 체험하며 감사 기도 노트를 쓰기 시
작했다. 그것이 기도가 되었다. 그래서 이 감사노트를 책으로
묶어 내가 죽기 전에 자녀들에게 삶의 교훈으로 물려주고 싶
었다.

－옥덕자

목차

이 책에 실린 감사 기도는 이렇게 되었음을 고백하는 것이 아니라 '믿고 구한 것은 받은 줄 믿으라'라고 했으니 구하는 것마다 응답하심을 믿고 감사하는 기도다. 이렇게 되기를 간절히 구하는 기도는 이렇게 해주실 줄 알고 미리 감사 고백하는 기도다.

제1부

1장

순종하는 자 되었음에 감사

"사무엘이 이르되 여호와께서 번제와 다른 제사를 그의 목소리를 청종하는 것을 좋아하심 같이 좋아하시겠나이까 순종이 제사보다 낫고 듣는 것이 숫양의 기름보다 나으니"(삼상 15:22)

● 예수님 때문에 나는 불안해하는 자가 아니니 너무너무 감사. ● 예수님 때문에 염려, 근심, 걱정하는 자가 아니니 너무너무 감사. ● 아무것도 염려치 말라 하시니 감사. ● 나의 염려를 예수님께 다 맡기라 하시니 너무너무 감사. ● 식구들을 붙들어 주시고 지켜주시니 감사. ● 예수님 때문에 혈기 부리는 자가 전혀 아니니 너무너무 감사. ● 율법의 사람이 예수님 때문에 전혀 아니니 너무너무 감사. ● 사랑의 사람이 되었으니 너무너무 감사. ● 예수님 때문에 사탄의 통치 받는 자가 전혀 아니니 너무너무 감사. ● 분쟁하는 자가 아니니 너무너무 감사. ● 자녀를 사랑으로 바라보게 되니 너무너무 감사. ● 그 어떤 경우도 사랑으로 대하고 섬기는 자 되었으니 너무너무 감사.

●나는 예수님 때문에 불안해하는 자가 아니니 너무너무 감사. ●나는 예수님 때문에 못 맡기는 자가 아니니 너무너무 감사. ●나는 예수님 때문에 평강의 사람이 되었으니 너무너무 감사. ●나는 예수님 때문에 전적으로 맡기는 자가 되었으니 너무너무 감사. ●아무것도 염려치 말라 하시니 너무너무 감사. ●주님께서 책임지시니 감사. ●붙드시니 감사.

나는 예수님 때문에 불안해하는 자가 아니다.

평강의 사람이 되었다.

나는 예수님 때문에 어둠이 아니다. 빛이 되었다.

나는 예수님 때문에 얽매이는 자가 아니다.

자유한 자가 되었다.

나는 예수님 때문에 무거운 짐 진 자가 아니다. 해방되었다.

나는 예수님 때문에 죄의 종이 아니다. 의의 종이 되었다.

나는 예수님 때문에 육의 사람이 아니다.

영의 사람이 되었다.

나는 예수님 때문에 옛사람이 아니다. 새사람이 되었다.

나는 예수님 때문에 율법의 사람이 아니다.

은혜의 사람이 되었다.

나는 예수님 때문에 사탄 통치받는 자가 아니다.

예수 통치 받는 자가 되었다.

나는 예수님 때문에 죄와 사망의 법 아래 있는 자가 아니다.

그리스도 생명의 성령의 법에 거하는 자가 되었다.

나는 예수님 때문에 사망의 사람이 아니다.

생명의 사람이 되었다.

나는 예수님 때문에 염려, 근심, 걱정하는 자가 아니다.

나는 예수님 때문에 믿음, 평강, 감사의 사람이 되었다.

나는 예수님 때문에 믿음 없는 자가 아니다.

범사에 주님을 인정하는 믿음, 범사에 맡기는 믿음,

범사에 주님을 의지하는 믿음, 범사에 감사하는 믿음의 사람이 되었다.

●한 번 쫓았다고 해결된 것이 아니라 변화 받지 못해 내 속에 해결되지 못한 약점을 노려 끝까지 강도 높게 도사라고 공격하는 마귀의 계략을 보게 되니 감사. ●주님 붙드시고 통치하시사 승리케 하심 감사. ●환란 날에 부르짖으라 응답하겠고 네가 나를 영화롭게 하리다 하시니 너무너무 감사. ●주님으로만 승리가 있으니 감사. ●주님 의지케 하심을 감사. ●부르짖게 하심을 감사. ●응답하시고 엄청난 은혜와 복을 주신 것 감사. ●십자가에서 이미 다 이루어 놓으신 주님 은혜 너무너무 감사. ●예수님 때문에 사탄의 통치 받는 자가 아니니 너무너무 감사. ●예수님 때문에 혈기 부리는 자가 아니니 너무너무 감사. ●사랑의 사람, 생명의 사람, 온유한 자가 되었으니 너무너무 감사. ●예수님 때문에 남편 목사님은 자기 의로 사는 자가 아니니 너무너무 감사.

●예수님 때문에 남편 목사님의 자기의 의는 예수님의 십자

가에 있으니 감사. ●하나님의 의를 입은 자 하나님의 의로 사는 자가 되었으니 너무너무 감사. ●예수님 때문에 교만한 자가 아니니 너무너무 감사. ●예수님 때문에 자기로 행하는 자가 아니니 너무너무 감사. ●예수님 때문에 겸손한 자가 되었으니 너무너무 감사. ●예수님 때문에 범사에 주님을 인정하는, 주님께 물어보고 행하는 자가 되었으니 너무너무 감사. ●예수님 때문에 주님을 의지하는 자 되었으니 너무너무 감사. ●남편 목사님은 혈기 부리는 자가 전혀 아니니 너무너무 감사. ●빛으로 통치하심을 감사. ●생명으로 통치하심을 감사. ●사랑으로 통치하심을 감사. ●예수님 때문에 남편 목사님과 나는 사탄의 통치 받는 자가 아니니 너무너무 감사. ●예수님의 통치만 받는 자 되었으니 너무너무 감사.

"응답을 가로막는 축복을 가로막는 어떤 방해 세력도 묶임을 받고 다 떠나갈 찌어다. 나와 전혀 상관이 없음을 선포한다."

●은혜받게 하심 감사. ●예수 생명과 사랑과 은혜로 회복시켜 주심을 감사. ●예비하신 은혜와 복으로 채워주시고 일하시니 감사. ●우리가 짓지 아니한 성읍을 주시고 심지 아니한 과실을 먹게 하시니 너무너무 감사. ●물질 문제를 통해 내 심령 뿌리 깊은 곳에 돈이 나의 주인이 되었음을 발견하게 되니 감사. ●돈을 사랑함이 내 심령 뿌리 깊은 곳에 있음을 발견하게 되니 감사. ●주님께서 물질을 풍성하게 미리 주셨다면

또 나의 이 부분들이 해결되지 않고 있었더라도 나는 어쩔 수 없이 두 주인을 섬기는 자이고 천국 못 갔을 것을 생각하니 끔찍해서 아찔한 마음이 드니 감사. ●작은 물질이지만 미리 안 주신 것 감사. ●이를 통해 나를 드러나게 하신 것 감사. ●엄청나게 실망하는 나의 모습을 보게 하니 감사.

불안해하는 모습, 또 낙심하는 모습, 주님의 약속을 의심하는 모습, 주님을 향한 기대가 무너지니 마음이 아파오는 그 고통을 느낌으로 주님보다 문제를 크게 보는 내 모습, 주님이 말씀하시지만 그 음성이 너무 작고 희미하여 나에게 영향력을 끼치지 못하는 모습, 신앙까지 흔들리는 짧은 순간이지만 너무 고통스럽다.

●나의 이 고통 속에도 주님은 여전히 나와 함께 하시고 사랑하시고 도우시고 바라보고 계심을 너무너무 감사. ●주님은 내가 생각하는 그런 작은 분이 아니니 너무너무 감사. ●나의 체질을 아시고 긍휼히 여기시니 너무너무 감사. ●나의 악행을 꾸짖지 않으시고 대신 갚으시지 않으시니 너무너무 감사. ●"너 그렇게 밖에 못 하니?"라고 꾸중치 않으시니 감사. ●돈을 사랑하는 우상 숭배와 돈을 의지하는 우상 숭배와 사람을 의지하고 인내치 못하는 이 부분들을 고치니 감사. ●특별히 예수님의 십자가의 은혜로 돈을 사랑치 않는 자, 돈이 나의 주인이 아니니 너무너무 감사.

●예수님만이 나의 주인이심을 너무너무 감사. ●예수님만을 사랑하는 자가 되었으니 너무너무 감사. ●예수님 때문에 돈을 사랑치 않는 자가 되었으니 너무너무 감사. ●예수님 때문에 나는 돈이 우상이 아니니 너무너무 감사. ●예수님 때문에 나는 예수님만 섬기는 자 되었으니 너무너무 감사. ●예수님 때문에 돈이 나의 주인이 아니니 너무너무 감사. ●예수님 때문에 예수님만이 나의 주인이 되었으니 너무너무 감사. ●예수님 때문에 주님의 약속을 의심하는 자가 아니니 너무너무 감사. ●예수님 때문에 예수님의 약속을 100% 믿고 의지하고 순종하는 자가 되었으니 너무너무 감사. ●예수님 때문에 믿음 없는 자가 아니니 너무너무 감사. ●예수님 때문에 범사에 주님을 인정하는 믿음, 주님의 약속을 의지하는 믿음, 믿음으로 우로나 좌로나 치우치지 않는 믿음의 사람이 되었으니 감사.

 **복음의 일꾼되게 하심**

"그의 십자가의 피로 화평을 이루사 만물 곧 땅에 있는 것들이나 하늘에 있는 것들이 그로 말미암아 자기와 화목하게 되기를 기뻐하심이라"(골 1:20)

예수님의 십자가의 피로 화평을 이루사 예수님으로 말미암아 하나님과 화목케 되기를 기뻐하신 하나님께 감사와 찬양과 경배와 사랑으로 영광돌립니다.

● 전에 악한 행실로 멀리 떠나 마음으로 원수 되었던 나를 이제는 그의 육체의 죽음으로 말미암아 화목케 하사 나를 거룩하고 흠없고 책망할 것이 없는 자로 하나님 앞에 세워주심을 감사. ● 내가 믿음에 거하고 터 위에 굳게 서서 들은 바 복음의 소망이 흔들리지 아니하면 그렇게 된다 하시니 감사. ● 이 복음은 천하 만민에게 전파된 바요, 바울이 이 복음에 일꾼이 된 것처럼 이 복음이 나에게 우리에게 전파된 것을 감사. ● 바울처럼 나와 식구들도 이 복음의 일꾼 되게 하심을 감사. ● 일꾼으로 사용하심을 감사. ● 예수님의 십자가 진리와 하나님의 사랑을 구체적으로 실감나게 깨닫고 전하여 준 것 감사. ● 예수님의 십자가 사랑과 예수 그리스도의 십자가의 약속과 예수 그리스도의 십자가의 축복을 깨닫고 알고 생명이 되게 하신 주님 은혜 감사. ● 전에 악한 행실로 멀리 떠나 마음으로 원수 되었던 나, 이 말씀을 절실히 깨닫게 됨을 감사.

죄로 온통 덮여있는 나,
육의 소욕으로 온통 덮여있는 나,
율법으로, 내 의로, 사탄으로, 온통 통치 받던 나,
그 무엇으로 해결할 수 있으랴.
무엇으로 감당할 수 있으랴.

지옥으로 직행하던 나,

예수님의 십자가가 아니면 도저히 해결할 길이 없던 나,

뻘구덩이보다 강한 지옥의 이 구덩이에서 건져낼 자 누구랴.

누가 건져내랴. 돈이 건져내랴.

어떤 빽이 이 세상에 있다한들 이 지옥의 구덩이에서

누가 나를 건져내랴.

그 지옥 불구덩이에서 영원토록 견딜 수 없는

큰 고통 받는 것을 볼 수 없는 예수님이

거기서 건지기 위해

나의 악한 행실과 죄악의 값을 치르는 길은

하나님이신 예수님이 십자가를 져야만

죗값을 치를수 있기 때문에

우주 값으로도 지구 값으로도 죄 있는 사람의 피로도

아무리 많은 달러인들, 아무리 많은 돈인들

죗값 치를 가치가 될 수 없다.

난 이처럼 엄청난 큰 구원을 받았는데

살림살이 염려와 심한 곤고에 붙잡혀 있는 나를 보았다.

●돈 때문에 나의 연약함이 드러나니 감사. ●물질적인 문제 앞에 나의 연약함이 드러남을 감사. ●드러남은 해결하심이 있기 때문에 감사. ●환경 때문에 연약함이 드러나니 감사.

●드러남은 해결하심이 있기 때문에 감사. ●자녀 때문에 연약함이 드러나니 감사. ●드러남은 해결하심이 있기 때문에 감사.

예수님 때문에 나는 행복자다.

예수님 때문에 나는 승리자다.

예수님 때문에 나는 성공자다.

예수님 때문에 나는 위대한 빽이 있다.

예수님 때문에 나는 최고 최대의 부자다.

예수님 때문에 나는 부족함이 없다.

●나는 최고 최대의 하나님께 영광 돌리는 자가 되었으니 너무너무 감사. ●나는 예수님 때문에 최고 최대의 축복 받은 자가 되었으니 너무너무 감사. ●나는 예수님 때문에 최고, 최대 사랑 받는 자가 되었으니 너무너무 감사. ●나는 예수님의 것이니 감사. ●예수님은 나의 주인이시니 감사. ●예수님은 나의 창조자이시니 감사. ●나는 예수님의 소유가 됨을 감사. ●예수님은 나의 아버지시니 감사. ●나는 예수님의 자녀가 되었으니 너무너무 감사. ●예수님은 나의 왕이시니 감사. ●나는 예수님의 백성이 되었으니 감사. ●예수님은 나의 신랑이시니 감사. ●나는 예수님의 신부가 되니 감사. ●예수님은 나의 목자가 되시니 감사. ●나는 예수님의 양이니 감사. ●예수님은 나의 전부가 되시니 감사. ●나는 예수님의 것이니 감

사. ●예수님은 나의 힘이시니 감사. ●나는 예수님 때문에 승리만 있으니 감사. ●예수님은 나의 방패시니 감사. ●나는 예수님 때문에 항상 안전하니 감사. ●예수님은 나의 산성이시니 감사.

　●예수님은 나의 피할 바위가 되시니 감사. ●예수님은 나의 요새가 되시니 감사. ●예수님 때문에 두려워 하지 않고 늘 마음이 평안하니 감사. ●예수님은 나의 사랑이시니 감사. ●나는 예수님 때문에 행복자니 감사. ●예수님은 나의 위로자이시니 감사. ●예수님은 나의 부요가 되시니 너무너무 감사. ●나는 예수님 때문에 부족함이 없는 자니 감사. ●나는 예수님 때문에 늘 풍요로운 자이니 너무너무 감사. ●예수님은 나의 빽이시니 감사. ●나는 예수님 때문에 모든 것을 할 수 있으니 감사. ●예수님 때문에 이 큰 구원을 받았으니 감사. ●예수님 때문에 어느 누구도 두려워하는 자가 아니니 감사.

　　예수님 때문에 이 큰 구원을 받았는데
　　내가 누구를 미워 하리오!
　　내가 누구를 정죄, 판단하리오!
　　나는 예수님 때문에 사랑하는 자가 되었습니다.
　　용서하는 자, 축복하는 자가 되었습니다.

　●예수님 때문에 이 큰 구원을 받았는데 내가 무엇을 또 누

구를 불평하리요! 불만족하리요! 나는 예수님 때문에 범사에 감사하는 자가 되었으니 감사. ●전천후 감사하는 자가 되었으니 감사.

예수님 때문에 이 큰 구원을 받았는데 내가 무엇을 염려하리요, 걱정하리요, 근심, 불안해 하리요!!!

나는 예수님 때문에 평안하고 평강의 사람, 담대한 자, 든든한 자가 되었습니다.

●부유한 자, 건강한 자, 넉넉한 자, 풍성한 자, 축복의 사람이 되었으니 감사. ●남편의 모습이 내 모습이니 감사. ●마귀는 가장 약한 점을 늘 노리고 있음을 보게 되니 감사. ●예수님을 의지하며 예수님 이름으로 마귀를 물리칠 때 떠나감을 보게 하심을 감사. ● 세상과 육체와 마귀, 이 세 가지가 항상 죽이려고 도사리고 있음을 알게 되니 감사. ●분별하게 되니 감사. ●세상은 말씀의 칼로 잘라야 됨을 감사. ●육체는 성령의 소욕을 따를 때만, 순종할 때만 이기게 되니 감사. ●마귀는 예수님 이름으로 예수님 권세로 물리치면 되니 너무너무 감사.

 나의 모든 것은 주님이 만드셨으니 감사

● 예수님 때문에 누구를 미워하는 자가 아니니 감사. ● 사랑하는 자가 되었으니 너무너무 감사. ● 불평하는 자가 아니라 감사하는 자가 되었으니 너무너무 감사. ● 저주하는 자가 아니라 축복하는 자가 되었으니 너무너무 감사. ● 분쟁하고 분노하고 대적하는 자가 아니라 감사하고 화목하고 화평케하는 자가 되었으니 감사. ● 혈기와 과격한 말, 상처 주는 말 하는 자가 아니니 감사. ● 따스한 말, 부드러운 말, 바른 말, 온유한 말, 생명의 말 하는 자가 되었으니 감사. ● 용서하는 자, 축복하는 자, 이해하는 자, 겸손한 자, 자비로운 자, 은혜로운 자가 되었으니 감사.

"나의 하나님이 그리스도 예수 안에서 영광 가운데 그 풍성한 대로 너희 모든 쓸 것을 채우시리라"(빌 4:19)

"주 안에서 항상 기뻐하라 내가 다시 말하노니 기뻐하라 너희 관용을 모든 사람에게 알게 하라 주께서 가까우시니라 아무 것도 염려하지 말고 다만 모든 일에 기도와 간구로, 너희 구할 것을 감사함으로 하나님께 아뢰라 그리하면 모든 지각에 뛰어난 하나님의 평강이 그리스도 예수 안에서 너희 마음과 생각을 지키시리라"(빌 4:4-7)

게으름의 영으로 "좀더 자자! 좀더 졸자! 좀더 쉬자!"라는 유혹에 걸려 "조금

더 빨리할 걸. 조금더 빨리 갈 걸. 조금더 빨리 만날 걸. 조금더 일찍할 걸"이라고 후회하고 회개한다.

마음은 간절해도 변화 받는 것은

하나님이 도와주셔야 한다.

빌립보서 4장의 말씀을 의지하며 감사 기도를 드린다.

● 예수님 때문에 어두움이 아니니 너무너무 감사. ● 빛이 되었으니 너무너무 감사. ● 시간마다 분초마다 주님 부르시는 그날까지 빛의 갑옷을 입었으니 너무너무 감사. ● 빛으로 충만하니 너무너무 감사. ● 빛으로 통치 받으니 너무너무 감사. ● 빛으로 인도 받으니 너무너무 감사. ● 빛이 차고 넘치니 너무너무 감사. ● 어둠과 전혀 상관없는 자가 되었으니 너무너무 감사. ● 예수님 때문에 사탄의 통치받는 자가 아니니 너무너무 감사. ● 예수님의 통치만 받는 자가 되었으니 너무너무 감사. ● 억수로 감사. ● 너무너무 감사.

2장

사탄은 떠나갈찌어다

"이에 예수께서 말씀하시되 사탄아 물러가라 기록되었으되 주 너의 하나님께 경배하고 다만 그를 섬기라 하였느니라"(마 4:10)

혈기의 영도, 분 내게 하는 영도, 분쟁케 하는 영도, 불화하게 하는 영도, 다투게 하는 영도, 싸우는 영도, 원수 맺게 하는 영도, 하나 되지 못하게 하는 영도, 앞길을 가로막는 영도, 축복을 가로막는 영도, 응답을 막는 영도, 미워하는 영도, 시기하는 영도, 억울하게 하는 영도, 은혜 쏟게 하는 영도, 용서 못하게 하는 영도, 시험 들게 하는 영도, 컴퓨터를 통한 어두움과 핸드폰과 집전화를 통한 어둠과 사람과 자녀를 통해 혈기 부리게 하는 그 어떤 영도, 혈기 부리게 하는 억울하게 하는 분 내게 하는 원수 맺게 하는 은혜 쏟게 하는 그 어떤 영도, 앞길을 막는 영도, 예수 생명 사랑 은혜 못 채우게 하는 그 어떤 영도 다 묶임을 받고 떠나갈찌어다!

●예수님 때문에 사단의 통치 받는 자가 아니니 너무너무 감사. ●어둠이 아니니 너무너무 감사. ●율법의 사람이 아니니 너무너무 감사. ●죄의 종이 아니니 너무너무 감사. ●육의 사람이 아니니 너무너무 감사. ●옛사람이 아니니 너무너무 감사. ●저주의 사람이 아니니 너무너무 감사. ●분쟁의 사람이 아니니 너무너무 감사. ●혈기의 사람이 아니니 너무너무 감사. ●분 내는 자가 아니니 너무너무 감사. ●싸우는 자가 아니니 너무너무 감사. ●구타하는 자가 아니니 너무너무 감사. ●부정적으로 보는 자가 아니니 너무너무 감사. ●비판하고 정죄하는 자가 아니니 너무너무 감사. ●수군수군하는 자가 아니니 너무너무 감사. ●과격한 말 하는 자가 아니니 너무너무 감사. ●상처 주는 자가 아니니 너무너무 감사. ●무례히 행하는 자가 아니니 너무너무 감사. ●넓은 문으로 가는 자가 아니니 너무너무 감사. ●못된 나무가 아니니 너무너무 감사.

●육의 소욕을 따르는 자가 아니니 너무너무 감사. ●내 영광을 구하는 자가 아니니 너무너무 감사. ●더 좋은 것으로 고치시고 바꾸시고 채우시고 풍성하게 충만하게 왕성하게 훌륭하게 견고하게 만드시니 너무너무 감사. ●내 마음이 예수님의 마음이 되었으니 너무너무 감사. ●내 눈도 예수님의 눈으로 내 귀도 예수님의 귀로 내 코도 예수님의 코로 내 머리도 예수님의 머리, 내 생각도 예수님의 생각, 내 입도 예수님의 입, 내 목과 성대도 예수님의 목과 성대로, 예수님의 치아로, 예수

님의 혀로, 예수님의 입술이 되었으니 너무너무 감사. ●내 손
도 예수님의 손, 내 발도 예수님의 발, 내 오장육부, 사지, 피,
세포, 피부, 영육혼까지 다 주의 것이니 너무너무 감사.

●가정은 주님 것이니 너무너무 감사. ●최고 최상 최선 최
미의 가정이 되었음을 너무너무 감사. ●가정 천국을 주심을
너무너무 감사. ●가족도 주님 것이니 너무너무 감사. ●이제
는 남편도 주님의 눈으로 보게 되었음을 너무너무 감사. ●모
든 것이 가장 값진 감사의 조건이 되니 너무너무 감사. ●또 문
제와 연약과 허물과 죄와 부족과 실수를 바라볼 때 전에는 율
법의 눈으로 보았는데 이제는 예수님 눈으로 보게 되니 너무
너무 감사. ●은혜의 눈으로 보게 되니 너무너무 감사. ●사랑
의 눈으로 바라보게 되니 너무너무 감사. ●긍휼의 눈으로 바
라보게 되니 너무너무 감사. ●축복하는 눈으로 바라보니 너
무너무 감사. ●감사의 눈으로 바라보니 너무너무 감사. ●하
나님께서 감사의 기도 제목이 되니 너무너무 감사. ●예수님
의 마음으로 바라보게 되니 너무너무 감사.

●긍정적으로 바라보게 되니 너무너무 감사. ●하나님 나라
를 위해 기도 제목을 주신 것 너무너무 감사. ●나를 이 일에
기도로 쓰임 받게 하시니 너무너무 감사. ●소원도 주님이 주
셨으니 너무너무 감사. ●구하게 하시니 너무너무 감사. ●입
술의 구함을 거절치 아니하시니 너무너무 감사. ●예수님 때

문에 사랑의 사람이 되었으니 너무너무 감사. ●부드러운 사람이 되었으니 너무너무 감사. ●온유한 자가 되었으니 너무너무 감사. ●겸손한 자가 되었으니 너무너무 감사. ●너그러운 자가 되었으니 너무너무 감사. ●포용하는 자가 되었으니 너무너무 감사. ●영의 사람이 되었으니 너무너무 감사. ●새 사람이 되었으니 너무너무 감사. ●인자한 자가 되었으니 너무너무 감사. ●자비로운 자가 되었으니 너무너무 감사. ●축복하는 자가 되었으니 너무너무 감사. ● 생명의 사람이 되었으니 너무너무 감사. ●감사하는 자가 되었으니 너무너무 감사. ●죄를 미워하고 영혼을 사랑하는 자가 되었으니 너무너무 감사. ●긍정적으로 보고 말하고 생각하는 자가 되었으니 너무너무 감사. ●하나님 아버지의 마음으로 보는 자가 되었으니 너무너무 감사. ●하나님 아버지의 마음으로 품는 자가 되었으니 너무너무 감사. ●아버지의 마음으로 사랑하는 자가 되었으니 너무너무 감사. ●사랑을 주신 것 너무너무 감사. ● 은혜를 주신 것 너무너무 감사. ●믿음을 주신 것 너무너무 감사. ●말씀을 주신 것 너무너무 감사. ●노래를 주신 것 너무너무 감사.

●최고, 최상, 최선의 눈을 주신 것 너무너무 감사. ●잘 볼 수 있어 너무너무 감사. ●건강한 눈을 주신 것 너무너무 감사. ●영적인 눈도 주셔서 영안을 넓혀 주신 것 너무너무 감사. ● 주님 볼 수 있어 너무너무 감사. ●영혼을 볼 수 있어 너무너

무 감사. ●생명을 볼 수 있어 너무너무 감사. ●사랑을 볼 수 있어 너무너무 감사. ●주님의 손길을 볼 수 있어 너무너무 감사. ●주님의 걸음걸음을 볼 수 있어 너무너무 감사. ●주님의 자취를 볼 수 있어 너무너무 감사. ●주님의 인도를 볼 수 있어 너무너무 감사. ●주님의 역사, 일하심을 볼 수 있어 너무너무 감사. ●주님의 만지심을 볼 수 있어 너무너무 감사. ●주님의 도우심을 볼 수 있어 너무너무 감사. ●주님의 소원을 볼 수 있어 너무너무 감사. ●주님의 계획을 볼 수 있어 너무너무 감사. ●나를 향한 주님의 뜻을 볼 수 있어 너무너무 감사. ●주님의 아픔을 볼 수 있어 너무너무 감사.

●주님의 괴로움을 볼 수 있어 너무너무 감사. ●주님의 희생을 볼 수 있어 너무너무 감사. ●주님의 긍휼히 여김의 마음을, 눈을, 사랑을 볼 수 있어 너무너무 감사. ●주님의 기쁨을 볼 수 있어 너무너무 감사. ●주님의 넓은 마음을 볼 수 있어 너무너무 감사. ●주님의 눈물을 볼 수 있어 너무너무 감사. ●사랑의 눈물, 긍휼의 눈물을 볼 수 있어 너무너무 감사. ●주님의 간절함을 볼 수 있어 너무너무 감사.

●최고, 최상, 최선의 귀를 주신 것 너무너무 감사. ●잘 들을 수 있어 감사. ●주님의 음성을 들을 수 있어 너무너무 감사. ●주님의 부르심의 음성을 들을 수 있어 너무너무 감사. ●주님의 사랑의 음성을 들을 수 있어 너무너무 감사. ●응답의

음성을 들을 수 있어 너무너무 감사. ●영혼의 음성을 들을 수 있어 너무너무 감사. ●사랑의, 책망의 음성을 들을 수 있으니 너무너무 감사. ●사랑의, 채찍의 음성을 들을 수 있으니 너무너무 감사.

●최고, 최상, 최선의 코를 주신 것 너무너무 감사. ●예쁜 코를 주신 것 너무너무 감사. ●숨을 잘 쉬게 되니 너무너무 감사. ●건강한 코를 주신 것 너무너무 감사. ●산소 호흡기 안 꽂아도 호흡을 잘하게 하시니 감사. ●기도를 호흡과 같다 했으니 호흡이 멎으면 죽는 것 같이 기도도 멎으면 영이 죽고 기도를 한순간이라도 쉬면 영적인 중환자가 되니 기도하기를 힘써 기도하기를 쉬는 죄를 범치 않게 하시니 감사.

●최고, 최상, 최선, 최미의 입을 주신 것 너무너무 감사. ●말할 수 있는 것 너무너무 감사. ●노래 할 수 있는 것 너무너무 감사. ●목소리 낼 수 있는 것 너무너무 감사. ●잘 먹을 수 있는 것 너무너무 감사.

●최고, 최상, 최고의 혀도 주시고, 치아도 주신 것 너무너무 감사. ●건강한 혀를 주셔서 맛을 잘 볼 수 있게 하신 것 너무너무 감사. ●말도 잘하고 어떤 말도 잘 표현하고 음식도 먹을 수 있어 너무너무 감사. ●최고, 최상, 최고의 치아 주신 것 너무너무 감사. ●음식을 잘 씹어 먹을 수 있음을 너무너무 감사.

●병든 치아 치료하셨음을 너무너무 감사. ●없는 치아 채워 주시니 너무너무 감사. ●통치하시니 너무너무 감사. ●최고, 최상, 최선의 마음을 주신 것 너무너무 감사. ●손을 주신 것 감사. ●발을 주신 것 감사. ●간장, 위장, 대장, 소장, 십이지장, 콩팥, 방광, 오장 육부, 머리, 머리카락, 뇌, 생각… 모든 것 주신 것 너무너무 감사. ●이 모든 것은 다 주님의 것이니 너무너무 감사. ●나의 모든 것은 주님이 만드셨으니 너무너무 감사. ●강건함을 주신 것 감사. ●잘 사용하심을 너무너무 감사. ●날이 갈수록 최고, 최상, 최선, 최미로 강건케 인도하심을 너무너무 감사. ●축복하심을 너무너무 감사.

♥ 예수님 때문에…

●예수 죽음 내 죽음이니 감사. ●예수님의 십자가는 내 십자가이니 감사. ●나의 모든 것을 담당하셨으니 감사. ●예수님 때문에 나는 행복하니 감사. ●예수님 때문에 나는 성공만 있으니 감사. ●사람이 감당할 수 없는 무시당함을 허락지 않으신 주님 감사. ●감당할 수 있게 하심 감사. ●넉넉히 승리를 주신 주님께 감사. ●찬송, 영광, 믿음을 회복시켜 주시니 감사. ●생명의 사람으로 회복시켜 주시니 감사. ●감사의 사람으로 회복시켜 주시니 감사. ●심령 천국으로 회복시켜 주시니 감사. ●나는 아무것도 할 수 없음을 감사. ●나는 내 것이

아니니 감사. ●나를 사랑하시니 감사. ●나를 고치시니 감사. ●나를 주님으로 채우시니 감사. ●회복시켜 주시니 감사.

●예수님 때문에 나는 율법의 사람이 아니니 너무너무너무 감사. ●예수님 때문에 은혜의 사람이 되었으니 너무너무너무 감사. ●예수님 때문에 나는 교만한 사람이 아니니 너무너무너무 감사. ●예수님 때문에 나는 내 의로 사는 자가 아니니 너무너무너무 감사. ●예수님 때문에 나는 불안한 사람이 아니니 너무너무너무 감사. ●예수님 때문에 나는 두려워하는 자가 아니니 너무너무너무 감사. ●예수님 때문에 나는 불신앙의 사람이 아니니 너무너무너무 감사. ●예수님 때문에 나는 염려, 근심하는 자가 아니니 너무너무너무 감사. ●예수님 때문에 나는 믿음 없는 자가 아니니 너무너무너무 감사. ●예수님 때문에 나는 고통받는 자가 아니니 너무너무너무 감사. ●예수님 때문에 나는 괴로워하는 자가 아니니 너무너무너무 감사. ●예수님 때문에 나는 문제를 크게 보는 자가 아니니 너무너무너무 감사.

●아무것도 염려치 말라하시니 감사. ●너희 염려를 주께 맡기라 하시니 감사. ●예수님 때문에 나는 사탄의 통치 받는 자가 아니니 감사. ●예수님 때문에 예수님 통치 받는 자가 되었으니 너무너무 감사. ●믿음이 문제를 삼키는 자 되었으니 감사. ●하나님의 의가 내 의를 삼키는 자 되었으니 감사. ●믿음이 두려움을 삼키는 자 되었으니 감사. ●주님이 나의 길이

시니 감사. ●주님이 나의 진리가 되시니 감사. ●주님이 나의 생명이 되시니 감사. ●예수님은 나의 구주가 되시니 너무너무 감사. ●예수님은 나의 목적이 되시니 감사. ●예수님은 나의 사랑이시니 감사. ●예수님은 나의 왕이시니 감사. ●예수님은 나의 소망이시니 감사. ●예수님은 나의 힘이시니 너무너무 감사. ●예수님은 나의 방패이시니 너무너무 감사. ●예수님은 나의 산성이시니 너무너무 감사. ●예수님은 나의 요새가 되시니 너무너무 감사. ●예수님은 나의 존재 이유가 되시니 너무너무 감사.

●예수님은 나의 전부가 되시니 너무너무 감사. ●예수님은 나의 필요의 모든 것이 되시니 너무너무 감사. ●예수님은 나를 축복하시니 감사. ●예수님은 나의 소원과 기도의 제목들을 응답하셨으니 너무너무 감사. ●예수님은 나를 먼저 잘 아시니 너무너무 감사. ●예수님은 나의 체질을 아시니 너무너무 감사. ●나의 부족을 아시니 너무너무 감사. ●나의 소원을 아시니 너무너무 감사. ●예수님은 나에게 항상 최고의 것을 주시니 너무너무 감사. ●예수님은 나에게 항상 최선의 것을 주시니 너무너무 감사. ●예수님은 언제나 나에게 최상의 것을 주시니 너무너무 감사. ●생명을 주신 것 너무너무 감사.

●여러 가지 시험을 만나거든 온전히 기쁘게 여기라 하시니 감사. ●이는 나의 믿음의 시련이 인내를 만들어내게 하시

니 감사. ●이는 온전하고 구비하여 조금도 부족함이 없게 하려 하심이니 감사. ●자녀를 통해 시험을 만나게 됨을 감사. ●자녀 때문에 두려워하고 불안해하는 나의 모습을 보게 되니 감사. ●문제 앞에서 너무 어려워하는 나의 모습을 보니 감사. ●마음에 계신 주님을 인정하고 의지하기 보다는 사람을 부정적으로 보는 나의 모습이 드러나니 감사. ●하나님께 맡긴다고 고백하면서도 깊은 염려를 하는 나의 모습을 보게 되니 감사. ●염려가 나를 사로잡는 모습을 보게 되니 감사. ●불안하고 힘들어하는 나의 모습이 드러나니 감사. ●이것은 나의 믿음의 시련이니 감사. ●내 속의 염려의 깊은 골에 불신앙이 나를 얼마나 괴롭히고 있는가를 보게 되니 감사. ●나에게 불안과 두려움과 염려로 드러나는 뿌리의 깊은 내 의가 드러나니 감사. ●하나님을 인정하지 못하고 맡기지 못하는 교만이 드러나니 감사. ●입으로는 맡기면서 하나님의 능력을 믿는 믿음보다 맡기지 못하고 의심하는 교만이 드러나니 감사.

●요즘 사람을 통해, 환경을 통해 나의 이 모습들이 크게 드러나게 됨을 보니 감사. ●사람 앞에 나의 모습을 보게 되니 감사. ●문제 앞에, 사건 앞에, 일 앞에, 부정적으로 보고 어려워하고 불안해하고 두려워하고 옳고 그름을 스스로 판단하고 있는 율법적인 나의 모습을 보니 감사. ●주님께서 나의 이 부분들을 처리하고 심령 천국을 이루기 위해 부분들을 보게 허락하셨으니 감사. ●일일이 간섭해 주시니 감사. ●자녀의 모습

이 나의 거울이니 감사.

●"다 이루었다" 예수님의 십자가 안에 내 의가 거기 있으니 감사. ●나의 율법이 거기 있으니 감사. ●나의 교만이 거기 있으니 감사. ●나의 염려가 거기 있으니 감사. ●나의 불안함이 거기 있으니 감사. ●나의 불신앙이 거기 있으니 감사. ●나의 의심하는 것이 거기 있으니 감사. ●나의 시험이 거기 있으니 감사. ●두려워하는 것이 거기 있으니 감사. ●어려워하는 것이 거기 있으니 감사. ●부정적으로 생각하고 보는 것이 거기 있으니 감사. ●하나님께 못 맡기는 것이 거기 있으니 감사. ●부정적으로 옳고 그름을 판단하는 율법이 거기 있으니 감사. ●불안해하고 두려워함이 거기 있으니 감사. ●하나님께 맡기지 못하는 내 의가 거기 있으니 감사. ●염려하고 근심하는 내 의가 거기 있으니 감사. ●하나님보다 문제를 크게 보는 두려움이 거기 있으니 감사. ●교만이 거기 있으니 감사. ●뼈가 썩고 내려앉는 아픔이 거기 있으니 감사. ●하나님과의 관계를 완전히 차단시키는 염려가 거기 있으니 감사.

●나의 약함이 거기 있으니 감사. ●나의 영적인 병이 거기 있으니 감사. ●나의 저주가 거기 있으니 감사. ●나를 괴롭히는 사탄이 거기 있으니 감사. ●사탄의 통치가 거기 있으니 감사. ●어둠이 거기 있으니 감사. ●나의 고통이 거기 있으니 감사. ●나의 괴로움이 거기 있으니 감사. ●나의 어려움이 거기

있으니 감사. ●나의 불행이 거기 있으니 감사. ●나의 분쟁이 거기 있으니 감사. ●나의 불효가 거기 있으니 감사. ●나의 사망이 거기 있으니 감사. ●예수님의 십자가로 나의 모든 것을 담당하심은 나의 무거운 짐, 죄의 짐, 염려의 짐, 가난의 짐, 질병의 짐, 시험의 짐, 사탄의 권세도 박살을 내났으니 감사. ●나의 모든 짐을 예수님의 십자가에서 다 받아 주시니 감사.

"그가 말하기를 돋우고 돋우어 길을 수축하여 내 백성의 길에서 거치는 것을 제하여 버리라 하리라 지극히 존귀하며 영원히 거하시며 거룩하다 이름하는 이가 이와 같이 말씀하시되 내가 높고 거룩한 곳에 있으며 또한 통회하고 마음이 겸손한 자와 함께 있나니 이는 겸손한 자의 영을 소생시키며 통회하는 자의 마음을 소생시키려 함이라 …"(사57:14–21)

"내 형제들아 너희가 여러 가지 시험을 당하거든 온전히 기쁘게 여기라 이는 너희 믿음의 시련이 인내를 만들어 내는 줄 너희가 앎이라 인내를 온전히 이루라 이는 너희로 온전하고 구비하여 조금도 부족함이 없게 하려 함이라…"(약1:2–8)

"시험을 참는 자는 복이 있나니 이는 시련을 견디어 낸 자가 주께서 자기를 사랑하는 자들에게 약속하신 생명의 면류관을 얻을 것이기 때문이라 사람이 시험을 받을 때에 내가 하나님께 시험을 받는다 하지 말지니 하나님은 악에게 시험을 받지도 아니하시고 친히 아무도 시험하지 아니하시느니라 오직 각 사람이 시험을 받는 것은 자기 욕심에 끌려 미혹됨이니 욕심이 잉태한즉 죄를 낳고 죄가 장성한즉 사망을 낳느니라 내 사랑하는 형제들아 속지 말라"(약 1:12-16)

●예수님 때문에 우리 자녀는 돈 마귀 통치 받는 자가 아니니 감사. ●음란의 마귀 통치 받는 자가 아니니 감사. ●그 어떤 사단의 통치를 받는 자가 아니니 감사. ●오직 예수 통치만 받는 자가 되었으니 너무너무 감사. ●주님께서 통치하시고 책임지시고 보장하시니 너무너무 감사. ●예수님 때문에 자녀는 사탄의 통치 받는 자가 아니니 감사. ●예수님 통치받는 자가 되었으니 너무너무 감사. ●음란의 사탄은 자녀와 아무 상관이 없으니 감사. ●통치받는 자가 아니니 너무너무 감사. ●세상 유혹하는 사탄은 자녀와 아무 상관없으니 감사. ●통치받는 자가 아니니 감사. ●예수님 때문에 자녀는 돈 사랑하는 자가 아니니 감사. ●돈을 사랑치 않는 자가 되었으니 감사. ●예수님 때문에 자녀는 불신의 사람이 아니니 감사. ●신앙의 사람이 되었으니 감사. ●예수님 때문에 교만한 자가 아니니 감사. ●겸손한 자가 되었으니 감사. ●예수님 때문에 반항하는 자가 아니니 감사. ●불순종하는 자가 아니니 감사.

●순종하는 자가 되었으니 감사. ●불평하는 자가 아니니 감사. ●순종하는 자가 되었으니 감사. ●저주의 사람이 아니니 감사. ●축복의 사람이 되었으니 감사. ●어두움이 아니니 감사. ●빛이 되었으니 감사. ●방탕한 자가 아니니 감사. ●신

실한 자가 되었으니 감사. ●감사하는 자가 되었으니 감사. ●
상처 주는 말, 과격한 말, 정죄, 판단, 비방하는 자가 아니니 감
사. ●좋은 말, 생명의 말, 영적인 말, 축복의 말, 소망의 말, 감
사의 말, 호평만 하는 자가 되었으니 감사. ●사치하는 자가 아
니니 감사. ●검소한 자가 되었으니 감사. ●절제하는 자가 되
었으니 감사. ●육의 사람이 아니니 감사. ●영의 사람이 되었
으니 감사. ●죄의 종이 아니니 감사. ●의의 종이 되었으니 감
사. ●외모에 치중하는 자가 아니니 감사. ●중심이 생명으로
강건한 자가 되었으니 감사. ●세상 사랑하는 자가 아니니 감
사. ●하나님을 사랑하는 자가 되었으니 감사. ●불만족하는
자가 아니니 감사. ●만족한 자가 되었으니 감사. ●감사한 자
가 되었으니 감사. ●미워하는 자가 아니니 감사. ●사랑하는
자가 되었으니 감사. ●염려하는 자가 아니니 감사. ●믿음의
사람이 되었으니 감사. ●평강의 사람이 되었으니 감사. ●불
순종하는 자가 아니니 감사. ●순종하는 자가 되었으니 감사.

3장

영의 사람이 되었음을 감사

"이제는 우리가 얽매였던 것에 대하여 죽었으므로 율법에서 벗어났으니 이러므로 우리가 영의 새로운 것으로 섬길 것이요 율법 조문의 묵은 것으로 아니할지니라"(롬 7:6)

●주님께서 나를 책임지시니 감사. ●가족들을 책임지시니 감사. ●우리 가정을 책임지시니 감사. ●작정 헌금도 책임지시니 감사. ●문제 앞에 주님을 바라보게 하시니 감사. ●하나님의 도우심이 없이는 원수 마귀를 이길 수 없음을 감사. ●주님이 내 편이시니 감사. ●주님이 내 편이시고 예수님 때문에 나는 예수님께 통치받는 자 되었으니 감사. ●예수님 때문에 사탄 통치받는 자가 아니니 감사. ●예수님 통치받는 자가 되었으니 감사. ●나는 주님 것이니 주님께서 통치하시니 감사. ●나의 문제도 주님께서 해결하시니 감사. ●새사람으로 영의 사람으로 생명의 사람으로 사랑의 사람으로 겸손의 사람으로 돈을 사랑치 않는 사람으로, 물질의 우상이 철저히 깨뜨려진

자로, 오직 주님만을 섬기는 자로 심령 천국으로 가정 천국으로 교회 천국으로 해결하시고 통치하심을 너무너무 감사.

●믿음의 사람으로 말씀의 사람으로 기도의 사람으로 순종의 사람으로 생명의 사람으로 해결 통치하심을 너무너무 감사. ●예수님 때문에 자녀는 사탄의 통치받는 자가 아니니 감사. ●예수님 때문에 예수님 통치받는 자가 되었으니 너무너무 감사. ●예수님 때문에 자녀는 어두움이 아니니 감사. ●빛이 되었으니 감사. ●육의 사람이 아니니 감사. ●영의 사람이 되었으니 감사. ●마귀의 자식이 아니니 감사. ●하나님의 자녀가 되었으니 감사. ●죄의 종이 아니니 감사. ●의의 종이 되었으니 감사. ●옛사람이 아니니 감사. ●새사람이 되었으니 감사. ●음란한 자가 아니니 감사. ●믿음의 사람이 되었으니 감사. ●세상에 속한 자가 아니니 감사. ●하나님께 속한 자가 되었으니 감사. ●돈을 사랑하는 자가 아니니 감사. ●돈을 사랑치 않는 자가 되었으니 감사.

●저주의 사람이 아니니 감사. ●축복의 사람이 되었으니 감사. ●주님의 형상으로 회복시키시니 감사. ●주님의 본질로 회복시키시니 감사. ●땅에 사람이 아니니 감사. ●하늘의 사람, 천국의 사람이 되었으니 감사. ●심령이 회복되니 감사. ●앞길이 회복되니 감사. ●믿음의 신실한 배필, 현명하고 현숙한 배필, 유덕한 배필, 성실하고 신실한 배필을 주셨음을 너

무너무 감사. ●주님의 음성 앞에 순종하는 강하고 담대한 자가 되었으니 감사. ●문제를 이기는 강하고 담대한 자가 되었으니 감사. ●예수님 때문에 옛사람의 소리를 철저히 부인하고 이기는 강하고 담대한 자가 되었으니 감사. ●예수님 때문에 육의 소리를 철저히 부인하고 이기는 강하고 담대한 자가 되었으니 감사.

●예수님 때문에 율법의 소리, 내 생각을, 내 방법을, 내 주장을, 내 자랑을, 육의 소욕을, 사단의 통치를 철저히 부인하고 이기는 강하고 담대한 자가 되었으니 너무너무 감사. ●예수님 때문에 나는 예수님 통치만 받는 강하고 담대한 자가 되었으니 너무너무 감사. ●예수님 때문에 나는 영의 사람으로 강하고 담대한 자가 되었으니 너무너무 감사. ●예수님 때문에 나는 새사람으로 강하고 담대한 자가 되었으니 너무너무 감사. ●예수님 때문에 나는 빛의 사람으로 생명의 사람으로 사랑의 사람으로 돈을 사랑치 않는 사람으로 믿음의 사람으로, 순종의 사람으로 감사의 사람으로 강하고 담대한 자가 되었으니 너무너무 감사. ●예수님 때문에 나는 겸손의 사람으로 온유한 사람으로 인자한 사람으로 자비의 사람으로 긍휼의 사람으로 절제의 사람으로 인내의 사람으로 용서의 사람으로 말씀의 사람으로 기도의 사람으로 찬양의 사람으로 축복의 사람으로 강건한 사람으로 강하고 담대한 자가 되었으니 너무너무 감사. ●예수님 때문에 나는 하나님의 전능하심을 믿는 강하

고 담대한 자가 되었으니 너무너무 감사. ●예수님 때문에 나는 하나님의 신실하심을 믿는 강하고 담대한 자가 되었으니 너무너무 감사. ●예수님만이 나의 목자가 되심을 믿는 강하고 담대한 자가 되었으니 너무너무 감사. ●예수님 때문에 나는 목자 되신 예수님의 음성만을 따르는 강하고 담대한 자가 되었으니 너무너무 감사. ●예수님 때문에 예수님 말씀, 음성 앞에 철저히 순종하는 강하고 담대한 자가 되었으니 너무너무 감사. ●말씀 의지하여 당당하게 선포하는 강하고 담대한 자가 되었으니 너무너무 감사. ●말씀을 철저히 인정하고 고백하게 하심을 감사.

나는 무능한 존재입니다.
나 자신은 약속을 지킬 수 없는 존재입니다

●나를 깨닫게 하시니 감사. ●나는 철저히 아무것도 할 수 없는 무능한 존재임을 깨닫게 하심을 감사. ●나는 약속을 지킬 수 없는 존재임을 절실히 알게 하시고 깨닫게 하시고 중심으로 고백하게 됨을 감사. ●나는 전적 하나님만을 의지할 수밖에 없는 존재이니 감사. ●하나님의 돌보심이 없이는 존재할 수 없는 존재이니 감사. ●나를 구원하신 주님께 감사. ●나를 책임지시니 감사. ●나의 목자가 되심을 감사. ●나를 사랑하심을 감사. ●나의 모든 것이 되시고 존재 이유가 되시고 전

부가 되시니 감사. ●목자 되신 예수님 앞에 철저히 양임을 깨닫게 하심을 감사. ●하나님 앞에 전적 의지할 때 돌보심이 있음을 너무너무 감사. ●환경과 현실을 하나님께 맡기지 못하고 불안해하는 나를 보며 예수님 때문에 맡기는 자가 되었으니 감사. ●예수님 때문에 불순종하는 자가 아님을 감사. ●예수님 때문에 나는 순종하는 자가 되었으니 감사. ●쌀을 주심을 감사. ●자신의 약한 점을 발견하게 하심을 감사.

●하나님 음성 앞에 바로 즉시 결단하고 행할 수 있는 믿음 주신 것 감사. ●하나님 음성 앞에 순종을 결단하는 강하고 담대한 믿음 주신 것 감사. ●그 어느 것하고도 타협치 않는 믿음 주신 것 감사. ●결단하고 그 일을 위해 선포하는 믿음 주신 것 감사. ●예수님 때문에 두려워하는 자가 아니니 감사. ●남을 의식하는 자가 아니니 감사. ●한마음 한뜻이 되기 위해 강하고 담대함으로 선포하고 기도하는 자가 되었으니 감사. ●마음을 다스려 주장하여 주시니 감사. ●한마음, 한뜻이 된 것을 감사.

●물질로서도 한마음, 한뜻이 되게 하심을 감사. ●물질의 우상이 완전히 깨어짐을 감사. ●오직 주님만이 우리의 주인이 되심을 감사. ●물질에 자유함을 주심을 감사. ●여기까지 인도하신 주님께 감사. ●물질관이 하나님 앞에 바로 서게 됨을 감사. ●물질의 우상이 완전히 깨어졌음을 감사. ●하나하나 차례차례 해결해 주신 주님께 감사. ●예수님 때문에 나는

돈을 사랑하는 자가 아니니 감사. ●예수님 때문에 나는 옛 곳간이 아니니 감사. ●예수님 때문에 새 곳간이 되었으니 감사. ●예수님 때문에 교만한 자가 아니니 감사. ●예수님 때문에 겸손한 자가 되었으니 감사.

●예수님 때문에 하나님을 의지하는 강하고 담대한 믿음이 되었으니 감사. ●예수님 때문에 주님의 도우심을 믿는 강하고 담대한 자가 되었으니 감사. ●주님만이 나의 도움이요, 방패요, 힘이시요 구주가 되시고 왕이 되시고 목자가 되심을 철저히 인정하는 강하고 담대한 믿음이 되었으니 감사. ●예수님 때문에 그 주님으로 철저히 신뢰하고 그 주님으로 우로나 좌로나 치우치지 않는 강하고 담대한 자가 되었으니 감사. ●예수님 때문에 주님만이 나의 빽이심을 철저히 인정하고 믿고 의지하는 강하고 담대한 자가 되었으니 감사. ●예수님 때문에 사람의 소리를 이기는 강하고 담대한 믿음이 되었으니 감사. ●예수님 때문에 사람의 인정을 이기는 강하고 담대한 믿음이 되었으니 감사. ●예수님 때문에 사탄의 소리를 철저히 이기는 강하고 담대한 자가 되었으니 감사.

●하나님을 사랑하는 자 곧 그 뜻대로 부르심을 입은 자들은 합력하여 선을 이루시니 감사. ●순적하게 통치하시고 이루심을 감사. ●나는 껍데기요 예수님만이 나의 알맹이 되시니 감사. ●내 생각은 예수님 생각, 내 입은 예수님 입이 되었

으니 감사. ●내 손은 예수님 손이 되었으니 감사. ●여호와는 나의 하나님이시니 감사. ●주님은 전능한 분이시니 감사. ●주님은 약속을 이루시는 신실한 분이시니 감사. ●주님은 나의 구주가 되시니 감사. ●주님은 나의 사랑이 되시니 감사. ●주님은 나의 생명이시니 감사. ●주님은 나의 왕이시니 감사. ●주님은 나의 소망이시니 감사. ●주님은 나의 목적이시니 감사. ●주님은 나의 생명이시니 감사. ●주님은 나의 힘이시니 감사. ●주님은 나의 방패이시니 감사. ●주님은 나의 목자가 되시니 감사. ●주님은 나의 산성이시니 감사.

●주님은 나의 요새이시니 감사. ●주님은 나의 존재 이유가 되시니 감사. ●주님은 나의 전부가 되시니 감사. ●주님은 나의 알맹이가 되시니 감사. ●주님은 나의 내용이 되시니 감사. ●주님은 나의 모든 것이 되시니 감사. ●주님은 나의 길이시니 감사. ●주님은 나의 빛이시니 감사. ●주님은 내 발에 등이시니 감사. ●주님은 나를 보호하시는 분이시니 감사. ●주님은 나를 지키시니 감사. ●주님은 나를 보증하시니 감사. ●주님은 나를 보장하시니 감사. ●주님은 나의 행복이시니 감사. ●주님은 응답하시는 분이시니 감사. ●주님은 나의 축복이시니 감사. ●주님은 나의 통치자시니 감사. ●주님은 나를 간섭하시는 분이시니 감사. ●주님은 나를 가르치시니 감사. ●주님은 나를 고치시니 감사. ●주님은 나를 생명으로 채우시니 감사. ●주님은 나를 용서하시니 감사. ●주님은 나를 돌

이키게 하시는 분이시니 감사. ●주님은 나의 죄를 깨닫게 하
시니 감사. ●주님은 나를 붙들어 주시니 감사. ●주님은 나를
사랑하시니 감사. ●주님은 나를 아끼시니 감사. ●주님은 나
를 이끄시니 감사. ●주님은 나의 생각을 통촉하시니 감사.

　　●주님은 나의 마음을 통촉하시니 감사. ●주님은 나의 언
행 심사를 보고 계시는 분이시니 감사. ●주님은 나의 연약함
을 항상 경책치 않으시니 감사. ●주님은 나에게 죄악으로부
터 이김을 주신 분이시니 감사. ●주님은 시험으로부터 이김
을 주신 분이시니 감사. ●주님은 사탄으로부터 이김을 주신
분이시니 감사. ●주님은 세상으로부터 이김을 주신 분이시니
감사. ●주님은 나의 옛사람을 이겨 주신 분이시니 감사. ●주
님은 나의 육의 사람을 이겨주신 분이시니 감사. ●주님은 나
의 의를 이겨주신 분이시니 감사. ●주님은 율법으로부터 이
겨 주신 분이시니 감사. ●주님은 나의 지혜가 되시니 감사. ●
주님은 나의 감사가 되시니 감사. ●주님은 나의 전부가 되시
니 감사. ●주님은 지금도 나와 함께 하시면서 나를 사랑하시
고 긍휼히 여기시니 감사. ●주님은 나를 깨뜨려 주시고 하나
님 나라를 하나하나 내 심령으로부터 이루어 가시니 감사. ●
이 작정 헌금을 통해 또 나의 숨어있는 해결되지 않는 나의 옛
사람, 육의 사람, 죄, 율법 나의 의. 이런 것들이 드러나게 하시
고 부딪치게 하시니 감사.

♥ 십자가의 강물이…

●오직 감사함으로 하나님께 아뢰라 하시니 감사. ●염려를 주께 맡기라 하시니 감사. ●환란 날에 부르짖으라, 그리하면 응답하시고 네가 나를 영화롭게 하리다 하시니 감사. ●일을 행하는 하나님, 그것을 지어 성취하시는 하나님께 내가 부르짖으면 응답하고 내가 알지 못하는 크고 비밀한 일을 보이리라 하시니 감사. ●역경은 기도로만 이길 수 있고 해결은 하나님만이 하시니 감사. ●역경의 해답을 이미 허락하시고 해결의 길을 주시고 이루심을 감사. ●예수님 때문에 육의 생각, 어둠 생각, 불안한 생각, 부정적 생각이 나를 주장하고 불안해하고 염려하고 근심하는 나의 모습을 보게 되니 감사. ●나의 의 때문에 주님께 맡기지 못하고 불안해하는 나의 모습을 보게 되니 감사. ●육의 생각이 나를 괴롭힘을 보게 되니 감사. ●주님의 인도를 인정하는 것보다 인정에 사로잡혀 괴로워하는 나의 모습을 보니 감사. ●주님이 하신다고 고백하면서도 육의 생각 때문에 힘들어하는 나의 모습을 보게 되니 감사.

●하나님이 나의 아버지가 되심을 감사. ●나를 책임지시니 감사. ●나를 보장하시고 나의 보증이 되시니 감사. ●나를 사랑하시되 끝까지 책임지시고 지키시고 동행하심을 감사. ●예수님 때문에 나는 죄와 사망의 법에 거하는 자가 아니니 감사. ●예수님 때문에 생명의 성령의 법에 거하는 자가 되었으니

감사. ●예수님 때문에 사탄의 통치받는 자가 아니니 감사. ●
예수님 때문에 나는 예수님의 통치받는 자가 되었으니 감사.
●예수님 때문에 나는 어둠이 아니니 감사. ●예수님 때문에
나는 빛이 되었으니 감사. ●예수님 때문에 나는 율법의 사람
이 아니니 감사.

　●예수님 때문에 나는 은혜의 사람, 복음의 사람이 되었으
니 감사. ●예수님 때문에 나는 옛사람이 아니니 감사. ●예수
님 때문에 나는 새사람이 되었으니 감사. ●예수님 때문에 나
는 육의 사람이 아니니 감사. ●예수님 때문에 나는 영의 사람
이 되었으니 감사. ●예수님 때문에 나는 자기 의로 사는 자가
아니니 감사. ●예수님 때문에 나는 하나님의 의로 사는 자 되
었으니 감사. ●예수님 때문에 나는 불안해하는 자가 아니니
감사. ●예수님 때문에 나는 믿음의 사람, 평강의 사람, 생명의
사람이 되었으니 감사. ●예수님 때문에 나는 염려, 걱정, 근심
하는 자가 아니니 감사. ●예수님 때문에 감사, 믿음, 평강, 평
안, 생명의 사람이 되었으니 감사. ●예수님 때문에 나는 두려
워하는 자가 아니니 감사.

　●예수님 때문에 나는 약한 자가 아니니 감사. ●예수님 때
문에 강하고 담대한 자가 되었으니 감사. ●예수님 때문에 나
는 인정에 끌리는 자가 아니니 감사. ●예수님 때문에 주님의
인도를 구하는 자, 맡기는 자가 되었으니 감사. ●예수님 때문

에 나는 내 생각, 육의 생각하는 자가 아니니 감사. ●예수님 때문에 하나님의 의, 주님을 생각하는 자가 되었으니 감사. ● 예수님 때문에 나는 내 주장하는 자가 아니니 감사. ●예수님 때문에 말씀대로 순종, 믿음으로 행하는 자가 되었으니 감사.

> "또 그가 수정 같이 맑은 생명수의 강을 내게 보이니 하나님과 및 어린 양의 보좌로부터 나와서 길 가운데로 흐르더라 강 좌우에 생명나무가 있어 열두 가지 열매를 맺되 달마다 그 열매를 맺고 그 나무 잎사귀들은 만국을 치료하기 위하여 있더라"(계 22:1-2)

●보좌를 적신 하나님 아버지의 사랑의 눈물이 십자가에서 흘리신 예수 그리스도의 피요 예수 그리스도의 사랑이 생명수 인 주님의 눈물이 주님의 사랑이 흘러가는 곳마다 죽은 바다 가 살고 고기가 살듯이 죄악으로 죽은 내가 살고 내 영혼이 살 게 되었음을 감사. ●또 죄악으로 죽은 세상이 살고 영혼들이 살게 되니 감사. ●십자가의 강물이 죄인 된 나에게는 구원의 강물이 되었으니 감사. ●십자가의 강물이 병든 나에게는 치 료의 강물이 되었으니 감사. ●십자가의 강물이 나의 상한 심 령에는 위로의 강물이 되었으니 감사. ●십자가의 강물이 가 난한 나에게는 부유의 강물, 풍성의 강물이 되었으니 감사. ● 십자가의 강물이 저주받는 나에게는 축복의 강물이 되었으니 감사. ●십자가의 강물이 실패한 나에게는 성공의 강물, 부흥 의 강물, 승리의 강물이 되었으니 감사. ●십자가의 강물이 불

행한 나에게는 행복의 강물이 되었으니 감사. ●십자가의 강물이 고통받는 나에게는 형통한 강물, 기쁨의 강물, 감사의 강물이 되었으니 감사. ●십자가의 강물이 불안하고 두려워하는 나에게는 평강의 강물이 되었으니 감사.

"죄악을 행하는 자들은 무지하냐 그들이 떡 먹듯이 내 백성을 먹으면서 하나님을 부르지 아니하는도다"(시 53:4)

●예수님의 죽으심이 나의 것이 되었으니 감사. ●예수님의 죽으심이 나에게 생명이 되었으니 감사. ●예수님의 저주가 나에게 축복이 되었으니 감사. ●예수님의 십자가에 버림받음으로 나의 구원이 되었으니 감사. ●예수님께서 채찍 받으심으로 내가 나음을 입었음을 감사. ●예수님의 고통받으심으로 나에게 참된 안식이 되었음을 감사. ●예수님의 십자가는 나에게 용서받음이 되었으니 감사. ●예수님의 침묵이 나의 변론이 되었으니 감사. ●예수님이 죄인 되시므로 내가 의인 되었음을 감사.

"그가 그 피조물 중에 우리로 한 첫 열매가 되게 하시려고 자기의 뜻을 따라 진리의 말씀으로 우리를 낳으셨느니라"(약 1:18)

●예수님의 부활이 나에게 첫 열매가 되었으니 감사. ●예수님의 가난이 나에게 부요가 되었으니 감사. ●예수님의 낮

아짐이 나에게 존귀가 되었음을 감사. ●예수님의 눈물이 나의 기쁨이 되었으니 감사. ●예수님 때문에 나는 십자가 중심으로 인간 편에 보는 자가 아니니 감사. ●하나님 편에서 보는 자가 되었으니 감사. ●복음으로 은혜의 사람이 되었으니 감사. ●행위가 아니라 믿음의 사람이 되었으니 감사. ●인간의 의가 아니라 예수 그리스도로 사는 자가 되었으니 감사.

> "여호와 내 하나님이여 내가 주께 피하오니 나를 쫓아오는 모든 자들에게서 나를 구원하여 내소서 건져낼 자가 없으면 그들이 사자 같이 나를 찢고 뜯을까 하나이다 여호와 내 하나님이여 내가 이런 일을 행하였거나 내 손에 죄악이 있거나 화친한 자를 악으로 갚았거나 내 대적에게서 까닭 없이 빼앗았거든 원수가 나의 영혼을 쫓아 잡아 내 생명을 땅에 짓밟게 하고 내 영광을 먼지 속에 살게 하소서(셀라)…"(시 7:1-8)

●역경은 반드시 이겨야 되니 감사. ●뛰어넘어야 되니 감사. ●피한다고 되는 게 아님을 깨닫게 하심을 감사. ●역경은 하나님 도움 외에 이길 길이 없음을 깨닫게 하심을 감사. ●역경은 세 가지를 통해 오는 것을 깨닫게 하심을 감사. ●죄 때문에 왔는지, 훈련시키기 위해 왔는지, 부주의 때문에 왔는지, 분별케 하심을 감사. ●여호와는 내 하나님이시니 감사. ●신실한 하나님이시니 감사. ●전능하신 하나님이시니 감사. ●능력의 하나님, 사랑의 하나님, 약속을 지키시는 하나님이시니 감사. ●환란 날에 도와주겠다 하시니 감사. ●이 하나님께 피

하게 되니 감사. ●하나님이 이미 승리를 약속해 주었음을 감사. ●역경을 염려할 것이 아니니 감사. ●기도할 것이니 감사. ●거룩함으로 성결함으로 하나님 앞에 나아가게 하심을 감사. ●바로 알게 조명하게 하심을 감사. ●조명하여 깨달을 수 있는 지혜, 믿음 주시니 감사. ●하나님께서 나에게는 "의롭게 살았느냐? 성실하게 살았느냐?" 물으심의 음성을 듣게 하심을 감사. ●진실한가 물어보시니 감사. ●죄를 바르게 내어놓았는가 물으심에 음성을 듣게 하심을 감사. ●하나님은 전능하시고 신실하시고 약속을 지키시고 하나님께 피하면 해결이 있음을 깨닫게 하심을 감사.

"하나님을 찬양하며 사랑하며 감사하며 의뢰합니다.

주님께 영광!!!

이 역경 앞에 나는 무능합니다."

●내 자신은 약속을 지킬 수 없는 존재이며 바로 아무것도 할 수 없는 존재임을 깨닫게 하심을 감사. ●내가 하나님 앞에 전적으로 의지할 때 돌보심이 있음을 깨닫게 하심을 감사. ●문제를 바라볼 때 하나님의 도우심이 없이는 원수 마귀를 이길 수 없음을 깨달으니 감사. ●원수 마귀가 얼마나 강한지 내 힘으로 아무것도 할 수 없음을 깨달으니 감사. ●오직 하나님의 도우심만이 이길 수 있음을 깨달으니 감사. ●하나님이 나의 아버지시니 감사. ●가만히 있으면 마귀 통치이고 하나님

을 찾고 의지할 때 하나님의 통치하심이 있으니 감사. ●기도는 믿음과 거룩으로 하라 하시니 감사. ●거룩도 순종할 때 거룩해짐을 깨닫게 하심을 감사. ●말씀을 생활 속에 적용해 나가는 것 이것이 올바른 기도임을 깨닫게 하심을 감사. ●나의 도움이 천지를 지으신 나를 만드신 하나님에게 있음을 감사. ●하나님께서는 나를 실족치 않게 하시며 나를 지키시는 자가 졸지 아니하시니 감사. ●나를 지키는 자는 졸지도 아니하시고 주무시지도 아니하시니 감사.

●하나님은 나를 지키시는 자이시니 감사. ●하나님께서 나의 우편에서 나의 그늘이 되시니 감사. ●낮의 해가 나를 상치 아니하며 밤의 달도 나를 해치지 아니함을 감사. ●하나님께서 나를 지켜 모든 환란을 면케 하시며 또 내 영혼을 지키시니 감사. ●하나님께서 나의 출입을 지금부터 영원까지 지키시니 감사. ●하나님께서 역경을 이기게 하시든지 피하게 하시든지 체험하게 하시니 감사. ●내가 사니 또 내가 하니까 코에서 단내 나고 실패하고 상처받는다고 하시니 감사. ●하나님의 보호는 옛사람이 죽고 새사람을 입을 때임을 깨닫게 하심을 감사. ●사람의 실패 즉 나의 실패가 하나님의 성공이 되니 감사. ●사람 즉 나의 좌절이 하나님의 일하심의 시작이니 감사. ●내가 지쳤기 때문에 하나님의 능력을 바라보고 구하게 됨을 감사.

4장

십자가

"십자가의 도가 멸망하는 자들에게는 미련한 것이요 구원을 받는
우리에게는 하나님의 능력이라"(고전 1:18)

●십자가는 우주의 중심이시니 감사. ●십자가는 하나님의
중심이시니 감사. ●십자가는 천국의 중심이시니 감사. ●십
자가는 보좌의 중심이시니 감사. ●십자가는 성경의 중심이시
니 감사. ●십자가는 하나님 아버지의 사랑 자체이시니 감사.
●십자가는 하나님 아버지의 마음이시니 감사. ●십자가는 하
나님 아버지의 눈물이시니 감사. ●십자가는 하나님 아버지의
아픔이시니 감사. ●십자가는 하나님 아버지의 기쁨이시니 감
사. ●십자가는 하나님 아버지의 행복이시니 감사. ●십자가
는 하나님 아버지의 영광이시니 감사. ●십자가는 예수 그리
스도의 결정체이시니 감사. ●십자가는 예수 그리스도의 심장
이시니 감사. ●십자가는 예수 그리스도의 생명이시니 감사.
●십자가는 예수 그리스도의 기쁨이시니 감사. ●십자가는 예

수 그리스도의 눈물이시니 감사. ●십자가는 예수 그리스도의 전부이시니 감사. ●십자가는 예수 그리스도의 행복이시니 감사. ●십자가는 예수 그리스도의 영광이시니 감사. ●십자가는 기독교의 중심이니 감사. ●구원의 기초석이니 감사. ●복음의 핵심이니 감사. ●예수 십자가는 나에게 하나님 사랑을 보여 주심을 감사. ●나를 죄에서 구하셨음을 보여주시니 감사. ●나의 죄를 깨끗케 씻어 주셨음이니 감사. ●나와 가족, 우리의 죄를 담당했음을 보여주시니 감사. ●죄 증서를 도말해 주셨음을 감사. ●하나님의 뜻을 완성하셨음을 감사. ●승리의 도임을 감사. ●십자가는 나의 전도 제목임을 보여주니 감사. ●죽기까지 복종해야 함을 보여주니 감사. ●능력으로 역사함을 보여주니 감사.

 ## 물질의 문제 앞에서

"이와 같이 성령도 우리의 연약함을 도우시나니 우리는 마땅히 기도할 바를 알지 못하나 오직 성령이 말할 수 없는 탄식으로 우리를 위하여 친히 간구하시느니라 마음을 살피시는 이가 성령의 생각을 아시나니 이는 성령이 하나님의 뜻대로 성도를 위하여 간구하심이니라 우리가 알거니와 하나님을 사랑하는 자 곧 그의 뜻대로 부르심을 입은 자들에게는 모든 것이 합력하여 선을 이루느니라"(롬 8:26-28)

"그런즉 이 일에 대하여 우리가 무슨 말 하리요 만일 하나님이 우리를 위하시면 누가 우리를 대적하리요 자기 아들을 아끼지 아니하시고 우리 모든 사람을 위하여 내주신 이가 어찌 그 아들과 함께 모든 것을 우리에게 주시지 아니하겠느냐"(롬 8:31–32)

상대방의 입장은 생각지 않고 이해하지도 않고 무조건 요구하는 모습, 자기 입장만 주장하고 요구하는 모습, 자기 주장대로 요구하고 떼를 쓰는 모습, 자기 자신만을 생각하는 모습, 육의 소욕을 따라 요구하는 모습, 안 해도 되는 부분을 꼭 해야한다는 모습, 영적인 입장을 모르는 모습, 아버지의 입장과 뜻과 사랑을 헤아리지 못하는 모습, 아버지의 넓은 뜻과 계획과 하는 일을 이해하지 못하는 모습, 불평 불만하는 모습, 묻고 확인하고 조르고 다짐하는 모습, 하나님의 뜻을 구하기보다 자기 뜻대로 행하는 모습, 하나님 말씀 순종보다 자기 뜻에 순종하는 모습, 영의 일보다 육의 일에 치중하는 모습, 이 모든 모습들이 하나님 앞의 내 모습들이었다.

이런 나의 옛사람을 보며 회개했다. 주님의 십자가를 바라보며 옛사람의 모든 소욕을 부인 선포하며 새사람의 소욕을 시인하고 선포 기도를 했다.

"이는 그들로 마음에 위안을 받고 사랑 안에서 연합하여 확실한 이해의 모든 풍성함과 하나님의 비밀인 그리스도를 깨닫게 하려 함이니 그 안에는 지혜와 지식의 모든 보화가 감추어져 있느니라 내가 이것을 말함은 아무도 교묘한 말로 너희를 속이지 못하게 하려 함이니…"(골 2:2–7)

"그러므로 너희는 하나님이 택하사 거룩하고 사랑 받는 자처럼 긍휼과 자비와 겸손과 온유와 오래 참음을 옷 입고 누가 누구에게 불만이 있거든 서로 용납하여 피차 용서하되 주께서 너희를 용서하신 것 같이 너희도 그리고 이 모든 것 위에 사랑을 더하라 이는 온전하게 매는 띠니라 그리스도의 평강이 너희 마음을 주장하게 하라…"(골 3:12-17)

"젊은 자들아 이와 같이 장로들에게 순종하고 다 서로 겸손으로 허리를 동이라 하나님은 교만한 자를 대적하시되 겸손한 자들에게는 은혜를 주시느니라 그러므로 하나님의 능하신 손 아래에서 겸손하라 때가 되면 너희를 높이시리라 너희 염려를 다 주께 맡기라…"(벧전 5:5-10)

●나를 창조하신 여호와 하나님은 나를 책임지시고 나의 보장이 되시고 나의 보증이 되시고 나의 축복이요 풍성이요 사랑이심을 감사. ●나의 전부가 되시니 너무너무 감사. ●예수님 때문에 그 어떤 것도 나의 주인이 될 수 없음을 감사. ●예수님만이 나의 주인임을 감사. ●예수님만이 나의 구주가 되심을 감사. ●예수님만이 나의 전부가 되심을 감사. ●예수님만이 나의 필요의 모든 것이 되심을 감사. ●예수님만이 나의 의지가 되심을 감사. ●예수님만이 나의 목자가 되심을 감사. ●내 인생은 예수님의 것이니 감사. ●내 생각도 예수님의 것이니 감사. ●내 마음도 예수님의 것이니 감사. ●내 눈과 귀도 코도 예수님의 것이니 감사. ●내 손도 예수님의 것이니 감사. ●내 발도 예수님의 것이니 감사. ●예수님께서 내 생각을 통치하시니 감사.

●예수님께서 내 마음을 통치하심을 감사. ●예수님께서 내 눈, 귀, 입, 손, 발, 삶을 통치하심을 감사. ●주님 부르시는 그날까지 빛으로 생명으로 주님의 사랑으로 주님으로 철저히 날마다 시간마다 분초마다 숨 쉬는 순간마다 나를 통치하시니 감사. ●예수님 때문에 나는 생각마다 예수님 생각하는 자가 되었으니 너무너무 감사. ●말마다 예수님 자랑, 예수님께만 영광돌리는 자, 찬양하는 자, 감사하는 자, 아멘하는 자 되었으니 너무너무 감사. ●예수님 때문에 나는 예수님만을 섬기는 손이 되었으니 너무너무 감사. ●예수님과 늘 동행하는 발이 되었으니 너무너무 감사. ●예수님 때문에 나는 죄의 병기가 아님을 너무너무 감사. ●예수님 때문에 의의 병기가 되었음을 너무너무 감사. ●예수님 때문에 물질로서도 성령께서 감동 주는 대로 늘 즉시 순종하는 자가 되었으니 너무너무 감사. ●예수님 때문에 탐욕 부리는 자가 아니니 감사.

●예수님 때문에 우상 섬기는 자가 아니니 감사. ●예수님 때문에 예수님만 사랑하는 자가 되었음을 감사. ●육체와 세상과 마귀는 늘 나를 괴롭히는 것임을 깨닫게 됨을 감사. ●육체의 소욕은 성령의 소욕을 따를 때만 이길 수 있음을 감사. ●예수님 때문에 나는 육체의 욕심을 따르는 자가 아니니 감사. ●초조할 때도 나와 함께 하심을 감사. ●불안해할 때도 의심할 때도 강하게 집착할 때도 나와 함께 하심을 감사. ●약속한 돈이 안 들어올 때도 예수님 때문에 나는 초조, 불안, 혹시나

하고 의심하는 자가 아니니 감사. ●안 올까 봐, 안 될까 봐 두려워하고 못 맡기는 자가 아니니 감사. ●예수님 때문에 나는 뺏길까 봐 강한 열매만 집착하는 자가 아니니 감사. ●예수님 때문에 나는 평안의 사람, 감사하는 자, 기다리는 자, 믿음의 사람, 맡기는 자, 예수님만 의지하고 의뢰하는 자 되었으니 감사. ●주님의 인도만 구하며 선포하는 자 되었으니 감사.

●예수님 때문에 나는 돈을 사랑하는 자가 아니니 감사. ●예수님 때문에 나는 돈 때문에 걱정하는 자가 아니니 감사. ●돈 때문에 근심, 염려하는 자가 아니니 감사. ●돈 때문에 나는 불안해하는 자가 아니니 감사. ●물질 때문에 두려워하는 자가 아니니 감사. ●예수님 때문에 나는 돈을 자랑치 않는 자가 되었으니 감사. ●예수님 때문에 하나님 앞에 인색한 자가 아니니 감사. ●물질로 인한 성령의 음성에 불순종하는 자가 아님을 감사. ●그때그때 순종하는 자가 되었음을 감사. ●예수님 때문에 십일조를 아니하는 자가 아니니 감사. ●예수님 때문에 십일조 생활을 철저히 하는 자가 되었으니 감사. ●물질의 주인도 철저히 하나님임을 범사에 인정치 않는 자가 아니니 감사. ●예수님 때문에 물질로서도 철저히 범사에 주님을 인정하는 자가 되었으니 감사. ●물질을 잘 관리하는 자가 되었으니 감사. ●예수님 때문에 물질도 잘 사용하는 자가 되었으니 감사.

● 예수님 때문에 보물을 땅에 쌓아두는 자가 아니니 감사. ● 예수님 때문에 보물을 하늘에 쌓아두는 자가 되었으니 감사. ● 예수님 때문에 옛 곳간이 아니니 감사. ● 예수님 때문에 새 곳간이 되었으니 감사. ● 예수님 때문에 물질관을 확 뚫어 주시니 감사. ● 물질을 초월한 신앙생활이 되게 하심을 감사. ● 예수님 때문에 나는 물질을 의지하는 자가 아니니 감사. ● 예수님 때문에 예수님만 의지하는 자가 되었으니 감사. ● 예수님 때문에 돈을 사랑하는 자가 아니니 감사. ● 예수님 때문에 예수님만 사랑하는 자가 되었으니 감사. ● 예수님 때문에 돈을 바라는 자가 아니니 감사. ● 예수님 때문에 예수님만 바라는 자가 되었으니 감사. ● 예수님 때문에 돈을 따라가는 자가 아니니 감사. ● 예수님 때문에 예수님만 따라가는 자가 되었으니 감사. ● 예수님 때문에 돈에 정복되는 자가 아니니 감사. ● 예수님 때문에 돈을 정복하는 자가 되었으니 감사. ● 예수님 때문에 돈에 이끌리는 자가 아니니 감사.

● 예수님 때문에 주님께만 이끌림 받는 자가 되었으니 감사. ● 예수님 때문에 돈으로 기뻐하는 자가 아니니 감사. ● 예수님만 기뻐하는 자가 되었으니 감사. ● 예수님 때문에 돈을 다스리고 정복하는 자가 되었으니 감사. ● 예수님 때문에 돈이 철저히 나의 목자가 아님을 감사. ● 예수님만이 철저히 나의 목자임을 감사. ● 예수님 때문에 믿음이 물질의 문제를 삼킨 바 되었으니 감사. ● 물질을 하나님의 영광을 위해 사용하

고 관리할 수 있는 지혜가 시간마다 분초마다 주님 부르시는 그날까지 충만하니 감사. ●그 지혜 안에 거닐게 되었음을 감사. ●예수님 때문에 생명 안에서 물질을 철저히 누리는 자가 되었으니 감사. ●물질관을 회복시켜 주심을 감사. ●예수님 때문에 인색한 자가 아니니 감사. ●예수님 때문에 풍성하게 심는 자가 되었으니 감사. ●예수님 때문에 섬기는 자가 되었으니 감사. ●예수님 때문에 구제하는 자가 되었으니 감사. ● 예수님 때문에 철저히 십의 일조뿐 아니라 십의 이조도 하게 됨을 감사.

●예수님께서 나의 목자가 되시니 감사. ●예수님만이 나를 이끄시니 감사. ●예수님만이 나를 고치시니 감사. ●예수님만이 나를 깨뜨려 주심을 감사. ●나는 예수님 때문에 게으른 자가 아니니 감사. ●나는 예수님 때문에 새벽에 게으른 자가 아니니 감사. ●나는 예수님 때문에 "좀더 눕자. 좀더 쉬자. 좀더 졸자" 하는 자가 아니니 감사. ●나는 예수님 때문에 부지런한 자 성실한 자, 경건한 자가 되었으니 감사. ●나는 목이 땡기고 뻐근하게 결리는 것은 나와 상관이 없으니 감사. ●깨끗한 자가 되었으니 감사. ●강건케 되었음을 감사. 질병에 대한 불안, 염려, 두려움은 나와 상관이 없으니 감사. ●나는 평안의 사람이 되었으니 감사. ●나는 예수님 때문에 승리만 있으니 감사. ●나는 예수님 때문에 행복해지니 감사. ●나를 긍휼히 여기시니 감사. ●나를 사랑하심을 감사. ●나를 도우심

을 감사. ●나를 기도케 하심을 감사. ●나를 감사케 하심을 감사. ●나를 주님만 의지케 하심을 감사. ●내 마음과 상처는 주님만이 아시니 감사. ●이런 나를 사랑하시니 감사. ●이런 나를 붙들고 계시니 감사. ●이런 나를 도우시니 감사. ●이런 나를 치료하시니 감사.

예수님 사랑해요. 감사해요

●주님만이 책임지시니 감사. ●주님만이 생명으로 더 깊은 생명으로 인도하심을 감사. ●사랑하심을 감사. ●도우심을 감사. ●지키심을 감사. ●인도하심을 감사. ●가족을 통해 나를 보게 하심을 감사. ●예수님 때문에 섭섭해 하는 자가 아니니 감사. ●예수님 때문에 불평하는 자가 아니니 감사. ●예수님 때문에 축복하는 자가 되었으니 감사. ●예수님 때문에 사랑하는 자가 되었으니 감사. ●가족을 통해 나의 연약함이 발견되니 감사. ●교회 식구를 통해 나를 보게 되니 감사. ●교회 식구를 통해 나의 연약함이 발견되니 감사. ●나는 그 어떤 누구도 판단할 자격이 없음을 감사. ●나는 그 어떤 누구도 미워할 자격이 없으니 감사.

●나는 그 어떤 누구도 정죄할 자격이 없음을 감사. ●나는 그 어떤 누구도 나보다 못하게 여길 자격이 없으니 감사. ●이 부분들을 통해 나의 옛사람을 보게 되니 감사. ●나는 예수님

때문에 옛사람이 아니니 감사. ●나는 예수님 때문에 새사람이 되었으니 감사. ●나는 예수님 때문에 육의 사람이 아니니 감사. ●나는 예수님 때문에 영의 사람이 되었으니 감사. ●나는 예수님 때문에 나의 의는 나와 상관이 없으니 감사. ●나는 예수님 때문에 예수님 의로 입은 자 되었으니 감사. ●나는 예수님 때문에 죄의 종이 아니니 감사. ●나는 예수님 때문에 의의 종이 되었으니 감사. ●나는 예수님 때문에 사탄의 통치 받는 자가 아니니 감사. ●나는 예수님 때문에 예수님 통치받는 자가 되었으니 감사. ●나는 예수님 때문에 죄와 사망에 거하는 자가 아니니 감사. ●예수님 때문에 생명의 성령의 법에 거하는 자가 되었으니 감사. ●지금도 예수님께서 "너의 괴로움 가지고 오너라" 하시니 감사. ●"너의 고통 가지고 오너라" 하시니 감사. ●"너의 아픔 가지고 오너라" 하시니 감사. ●"너의 외로움 가지고 오너라" 하시니 감사. ●"너의 갈등 가지고 오너라" 하시니 감사. ●"너의 불만을 가지고 오너라" 하시니 감사. ●"너의 연약함 가지고 오너라" 하시니 감사. ●"너의 질병 가지고 오너라" 하시니 감사. ●"너의 마음 그대로 내게로 가지고 오너라" 하시니 감사. ●"너의 연약한 몸 그대로 가지고 오너라" 하시니 감사.

●예수님의 십자가 앞에 나의 이 모습 이대로 드리니 감사. ●내 죄짐, 연약한 짐, 모든 것 주님께 드리니 감사. ●나는 내 것이 아니니 감사. ●나는 예수님 것이니 감사. ●나를 축복하

시니 감사. ●나를 고치시니 감사. ●나를 세우시니 감사. ●나를 채우시니 감사. ●나를 붙드시니 감사. ●나를 도우시니 감사. ●나를 전적으로 책임지시니 감사. ●나를 보수, 수리하시니 감사. ●나를 돌아보시니 감사. ●나를 위로하시니 감사. ●나를 보장하시니 감사. ●나를 보증하시니 감사. ●나를 사랑하시니 감사. ●내 편이시니 감사. ●나를 언제든지 받아 주시고 들어 주시니 감사. ●감싸주시니 감사. ●주님의 형상으로 만드시니 감사. ●주님의 생명으로 채우기 위해 내 자아를 처리하시니 감사. ●내 고집을 처리해 주시니 감사. ●내 불만을 처리하시니 감사. ●내 의를 처리하시니 감사. ●교만을 처리하시니 감사. ●새 성전을 두고 주님이 통치하심을 감사. ●주님 통치를 인정하면서도 못 맡기고 불안해하는 나의 모습을 보게 되니 감사. ●낙심하는 나의 모습을 보게 되니 감사. ●이 일에 나는 예수님 때문에 불안해 하는 자가 아니니 감사. ●하나님께 맡기게 되었으니 감사. ●낙심하는 자가 아니니 감사. ●감사하며 기뻐하며 평안의 사람이 되었으니 감사.

●나는 예수님 때문에 못 맡기는 자가 아님을 감사. ●맡기는 자가 되었음을 감사. ●나는 예수님 때문에 의심하는 자가 아님을 감사. ●나는 예수님 때문에 믿음의 사람이 되었으니 감사. ●내 의, 내 주장, 내 고집, 내가 하고자 하는 것을 내려놓게 하시니 감사. ●"예수님의 통치하심을 기도했으면 어떤 결과도 하나님께 맡기라"하시니 감사. ●더 좋게 하시려고 바

라보게 하시니 감사. ●나는 예수님 때문에 예수님께 맡기는 자가 되었으니 감사. ●나는 예수님 때문에 주님의 전능하심을 인정하고 전적으로 믿고 고백하는 자가 되었으니 너무너무 감사. ●나는 예수님 때문에 주님의 전능을 인정 못하는 교만한 자가 아니니 감사. ●나는 예수님 때문에 예수님의 전능하심을, 신실하심을, 인도하심을 철저히 인정하고 믿는 자 되었으니 감사.

●예수님께서 나를 책임지시고 가족을 책임지시고 교회를 책임지시니 감사. ●나는 예수님 때문에 범사에 예수님을 인정하는 자가 되었으니 감사. ●나는 예수님 때문에 범사에 감사하는 자가 되었으니 감사. ●나는 예수님 때문에 범사에 주님을 의지하는 자가 되었으니 너무너무 감사. ●나는 예수님 때문에 범사에 사랑하는 자, 사랑을 따라 행하는 자가 되었으니 너무너무 감사. ●나는 예수님 때문에 믿음으로 생각하고 말하고 행하는 자가 되었으니 너무너무 감사. ●나는 예수님 때문에 범사에 순간순간 생명을 선택하는 자가 되었으니 너무너무 감사. ●나는 범사에 매 순간순간에 빛에 인도만 받게 되니 너무너무 감사. ●나는 범사에 매 순간순간에 성령의 인도만 받게 되니 너무너무 감사.

●"일을 행하는 여호와 그것을 지어 성취하는 여호와 너는 내게 부르짖으라. 그리하면 내가 응답하겠고 네가 알지 못하

는 크고 비밀한 일을 보이리라" 말씀하시니 감사. ●하나님 아버지의 마음을 입혀 주기 위해 일을 행하시고 성취하시니 감사. ●십자가는 나를 향한 하나님의 사랑의 최고 최대의 표현임을 알게 하시니 감사. ●모든 게 내 중심에서 벗어나지 못하고 있는 어린아이 신앙에서 아비의 마음을 입혀주기 위해 불러 주신 하나님께 감사. ●십자가 뒤편에서 크신 아버지의 사랑을 보여주시니 감사. ●깨닫게 하심을 감사. ●구원 받았으니 아버지의 마음으로 가족을 섬기며 교회를 섬기며 이웃을 섬기며 살라고 아버지의 마음을 부어주시니 감사. ●나에게는 사랑이 없음을 철저히 고백할 수 있음을 감사. ●나에게는 긍휼이 철저히 없음을 고백할 수 있으니 감사. ●나는 하나님 없이는 살아갈 수 없는 존재임을 더 실감나게 느끼고 알게 되니 감사. ●주님을 의지할 수밖에 없는 존재임을 감사.

●기도도 내 마음대로 내 힘으로 되는 게 아니니 감사. ●내 노력으로 되는 게 아니니 감사. ●오직 주님으로만 생명으로 가능함을 철저히 깨닫고 느끼고 알게 되니 감사. ●이런 나에게 생명을 부어주시니 감사. ●사랑을 부어주시니 감사. ●십자가의 사랑을 깨닫고 알게 하시니 감사. ●십자가는 나를 향한 하나님의 사랑의 극치의 표현이요 실제이니 감사. ●십자가는 하나님 아버지의 마음이니 감사. ●십자가는 하나님 아버지의 사랑이니 감사. ●십자가는 나를 향한 아버지의 마음이니 감사.

●십자가는 나의 구원이니 감사. ●십자가는 나의 행복이니 감사. ●십자가는 나의 천국 가는 길이니 감사. ●행복한 길이니 감사. ●성공의 길이니 감사. ●승리의 길이니 감사. ●축복의 길이니 감사. ●구원의 길이니 감사. ●용서의 길이니 감사. ●모든 문제의 해결이니 감사. ●질병 치료의 길이니 감사. ●영의 질병 치료의 길이니 감사. ●육의 질병 치료의 길이니 감사. ●정신의 질병 치료의 길이니 감사. ●환경의 질병 치료의 길이니 감사.

●십자가는 하나님 아버지의 심장이니 감사. ●십자가는 하나님 아버지의 손길이니 감사. ●십자가는 하나님 아버지의 눈물이니 감사. ●십자가는 하나님 아버지의 넓은 마음이니 감사. ●십자가는 하나님 아버지의 의로운 오른 손길이니 감사. ●십자가는 나의 평안이니 감사. ●십자가는 나의 전부니 감사.

●하나님 아버지의 마음을 나에게 부어주셔서 아버지의 그 넓은 마음으로 영혼을 바라보게 하시니 감사. ●아버지의 긍휼의 마음으로 영혼을 바라보게 하시니 감사. ●아버지의 사랑과 긍휼과 용서의 마음으로 이웃을 사랑하게 하시니 감사. ●섬기게 하시니 감사. ●기도하게 하시니 감사. ●아버지의 사랑과 긍휼의 마음으로 전도하게 하시니 감사. ●순종하게 하시니 감사. ●주님의 일하게 하시니 감사. ●그 마음으로 살게 하시니 감사. ●그 눈으로 보게 하시니 감사. ●그 귀로 들

게 하시니 감사. ●그 생각으로 생각하게 하시니 감사. ●그 손으로 섬기게 하시니 감사. ●그 마음으로 걷게 하시고 동행하게 하심을 감사. ●그 사랑을 바라보며 찬송하게 하시니 감사. ●그 사랑으로 사랑함을 고백하게 되니 감사. ●그 사랑이 나를 이끄시니 감사. ●그 사랑이 그 마음이 나를 붙드시니 감사. ●나를 통치하시니 감사. ●그 마음 그 사랑의 부음 바가 됨을 감사. ●그 사랑 그 마음으로 나를 축복하시니 감사. ●그 사랑, 그 마음으로 축복하게 됨을 감사. ●선포하게 됨을 감사. ●그 마음 그 사랑으로 걷게 되니 감사.

●자녀들에게 신앙의 본을 보이지 못하고 불신케 하였음을 용서하시니 감사. ●철저히 구별하여 생명의 삶으로 회복케 됨을 감사. ●자녀들까지 회복시켜 주심을 감사. ●내 모습임을 알고 깨닫고 회개하고 또 부인하고 시인하므로 주님께로 가까이 나아가는 만큼 주님께서 변화시키고 회복시키심을 깨닫게 하심을 감사. ●결국은 자녀가 내 모습임을 깨달으니 감사. ●성도의 모습이 내 모습임을 깨달으니 감사. ●이 엄청난 진리를 깨닫게 하심을 감사. ●배우자를 통해 나의 모습을 철저히 보여주심을 감사. ●자녀를 통한 나의 모습을 철저히 보여 주심을 감사. ●두 주인으로 섬기면 믿음이 없음을 깨닫게 하심을 감사. ●돈을 사랑하면 두 주인을 섬기는 것임을 깨닫게 됨을 감사. ●물질의 문제를 주님께 맡기지 않고 내가 붙들고 있기 때문에 염려, 근심, 걱정하게 됨을 깨닫게 됨을 감사.

● 물질의 문제가 뚫리지 않으면 천국의 삶을 누릴 수 없음을 깨달으니 감사.

● 예수님 안에 생명도 있으니 감사. ● 예수님 안에 사랑도 있으니 감사. ● 예수님 안에 능력도 있으니 감사. ● 예수님 안에 행복도 있으니 감사. ● 예수님 안에 축복도 있으니 감사. ● 예수님 안에 믿음도 있으니 감사. ● 예수님 안에 부요도 있으니 감사. ● 예수님 안에 건강도 있으니 감사. ● 예수님 안에 소망도 있으니 감사. ● 예수님 안에 온유함도 있으니 감사. ● 예수님 안에 겸손도 있으니 감사. ● 예수님 안에 지혜도 있으니 감사. ● 예수님 안에 총명도 있으니 감사. ● 예수님 안에 기쁨도 있으니 감사. ● 예수님 안에 만족도 있으니 감사. ● 예수님 안에 평강도 있으니 감사. ● 예수님 안에 형통도 있으니 감사. ● 예수님 안에 부귀영화가 있으니 감사. ● 예수님 안에 감사도 있으니 감사. ● 예수님 안에 이해도 있으니 감사. ● 예수님 안에 포용도 있으니 감사. ● 예수님 안에 너그러움도 있으니 감사. ● 예수님 안에 기도도 있으니 감사. ● 예수님 안에 응답도 있으니 감사. ● 예수님 안에 안식도 있으니 감사. ● 예수님 안에 담대함도 있으니 감사. ● 예수님 안에 의도 있으니 감사. ● 예수님 안에 거룩도 있으니 감사. ● 예수님 안에 경건도 있으니 감사. ● 예수님 안에 화평도 있으니 감사. ● 예수님 안에 용서도 있으니 감사.

●나는 예수님 때문에 어두움이 아니니 감사. ●나는 예수님 때문에 빛이 되었으니 감사. ●나는 예수님 때문에 미워하는 자가 아니니 감사. ●나는 예수님 때문에 사랑하는 자가 되었으니 감사. ●나는 내 것이 아니니 감사. ●나는 예수님의 핏값 주고 사신 예수님 것이니 감사. ●내가 나를 어떻게 할 수 없음을 감사. ●내가 나를 치료할 수 없음을 감사. ●건강을 통해 사람을 통해 말을 통해 내 생각 때문에 공허하며 두려워하며 외로워하며 연약한 나의 모습을 발견하게 되니 감사. ●아무것도 염려하지 말라 하시니 감사. ●또 나를 생명의 사람으로 만들고 하나님의 형상으로 채우기 위해 이렇게 인도하신 하나님께 감사.

●오직 모든 일에 기도와 간구로 너의 구할 것을 감사함으로 아뢰라 하시니 감사. ●모든 지각에 뛰어난 하나님의 평강이 그리스도 예수 안에서 내 마음과 생각을 지키신다고 약속하셨으니 감사. ●감사함으로 간구할 수 있게 하심을 감사. ●천지를 창조하시고 나를 창조하신 예수님이 내 중심에, 내 안에 계시니 감사. ●주님이 나를 책임지시니 감사. ●나의 연약도 책임지시니 감사. ●연약한 가운데도 늘 나와 함께 하심을 감사. ●나를 도우심을 감사. ●나를 지키심을 감사. ●나는 예수님 때문에 연약한 자가 아님을 감사. ●나는 예수님 때문에 두려워하는 자가 아님을 감사. ●나는 예수님 때문에 불안해하는 자가 아님을 감사. ●나는 예수님 때문에 병든 자가 아님

을 감사. ●나는 예수님 때문에 평안의 사람이 되었음을 감사. ●나는 예수님 때문에 강하고 담대한 자가 되었으니 감사. ● 나는 예수님 때문에 염려, 근심하는 자가 아님을 감사. ●염려, 근심은 나와 상관이 없으니 감사. ●나는 믿음의 사람이 되었으니 감사. ●나는 감사의 사람이 되었으니 감사. ●나는 찬송의 사람이 되었으니 감사. ●나는 예수님만 바라보는 자가 되었으니 감사. ●나는 예수님만 의지하는 자가 되었으니 감사.

5장

예수 생명으로 사랑으로…

"네 헛된 평생의 모든 날 곧 하나님이 해 아래에서 네게 주신 모든
헛된 날에 네가 사랑하는 아내와 함께 즐겁게 살지어다 그것이 네
가 평생에 해 아래에서 수고하고 얻은 네 몫이니라"(전 9:9)

●말씀을 보고 은혜받게 하심을 감사. ●믿음을 회복시키시
니 감사. ●믿음이 쑥쑥 자라게 하시니 감사. ●영이 쑥쑥 자라
게 하심을 감사. ●생명의 말씀으로 예수님 사랑을 회복시키
시니 감사. ●엄청난 영적인 축복을 주시니 감사. ●말씀을 전
할 수 있도록 일거리 주신 것 감사. ●영성을 회복시키시니 감
사. ●사명 다하는 그날까지 생명의 복음을 전할 수 있도록 길
을 열어 주시니 감사. ●사용하시니 감사. ●생명의 말씀으로
예수 생명으로 사랑으로 풍성케 회복시키시니 감사. ●건강의
축복을 주심을 감사. ●환경을 통치하심을 감사. ●물질을 통
치하심을 감사. ●길을 회복시키심을 감사. ●신앙 본질 회복
시키는데 사용하심을 감사. ●일꾼 삼아 주시니 감사. ●금그

릇 같이 귀히 쓰시니 감사. ●말씀과 기도로 전념케 하시니 감사. ●환경과 가정과 가족과 교회, 물질을 통치하시니 감사. ●날마다 시간마다 분초마다 말씀을 통해 예수님 생명, 예수님 사랑으로 철철철 차고 넘치게 은혜를 공급하시니 감사.

●날마다 시간마다 분초마다 100배로 통치하시니 감사. ●물질도 풍성하게 통치하시니 감사. ●집회 시간마다 찬양의 은혜가 넘치게 하심을 감사. ●찬양을 통해 더 깊은 생명으로, 사랑으로 들어가게 하심을 감사. ●찬양에 불이 갈수록 날마다 시간마다 분초마다 활활활 차고 넘치게 하시니 감사. ●찬양의 생수가 날마다 시간마다 분초마다 차고 넘치니 감사. ●찬양에 주님의 사랑이 차고 넘치게 하시니 감사. ●찬양을 통해 더 깊은 본질로 회복시키시니 감사. ●찬양 속에 주님께서 철저히 만지시니 감사. ●치료하시니 감사. ●회복시키시니 감사. ●응답하시니 감사. ●채우시니 감사. ●축복하시니 감사. ●찬양에 하나님의 영광이 충만케 되니 너무 감사. ●집회 시간을 통해 기도가 놀랍게 회복되니 감사. ●날마다 시간마다 분초마다 기도의 불이 활활활 타오르게 하시니 감사.

●더더욱 깊은 기도로 들어가게 하시니 감사. ●기도를 통해 응답받으니 감사. ●치료하시니 감사. ●생명으로 풍성케 회복시키시니 감사. ●주님의 온전한 통치만 받게 되니 감사. ●주님의 거룩으로 주님의 온전함으로 풍성케 회복되니 감사.

●영이 쑥쑥쑥 자라게 되니 감사. ●하나님 나라가 심령으로, 가정으로, 교회로 확장되게 하시니 감사. ●온전히 이루어주시니 감사. ●모든 막혔던 문제들이 해결되니 감사. ●질병이 치료되니 감사. ●주님 나라가 주님 기뻐하는 길이 대로같이 열리니 감사. ●축복하시니 감사. ●인도하심을 감사.

"일을 행하는 여호와 그것을 지어 성취하시는 여호와 너는 부르짖어라 그리하면 내가 응답하겠고 네가 알지 못하는 크고 비밀한 일을 보이리라."

●주님께서 먼저 나에게 일을 행하시고 성취하시니 감사. ●내가 알지 못하고 크고 비밀한 일을 보여 주시니 감사. ●배우자를 위해 부르짖어 기도할 수 있게 하심을 감사. ●자녀들에게 일을 행하시니 감사. ●성취하시니 감사. ●가정에 교회에 주님께서 일하시고 성취하시니 감사. ●천하보다 귀한 금쪽같고 보배롭고 귀한 주님의 백성들을 보내주셔서 예수님 생명으로 놀랍게 회복되니 감사. ●주님의 보혈로 온전히 부으시니 감사. ●지키시니 감사. ●인도하시니 감사. ●가정가정마다 주님의 보혈로 덮으시니 감사. ●예수님의 십자가 은혜로 지금은 연약하지만 가능성을 보고 주님이 100배로 축복하심을 감사. ●사랑으로 이끌어 가심을 감사. ●아직 늦지 않았다고, 주님이 밀어 주신다고, 주님이 하신다고 말씀하시니 감사. ●주님이 하시면 능치 못한 일이 없으니 감사. ●한 분 한

분 가능성이 있고 꿈, 믿음, 소망을 보여주시고 먼저 본을 보여주셨으니 감사. ●제자들에게 발 씻기는 본, 주님은 친히 밤새 기도하는 본을 보여주심을 감사. ●주님은 이론과 율법을 먼저 가르치신 게 아니라 기도, 희생, 섬김, 사랑의 본을 보여주셨으니 감사. ●가르치지 않으시고 이해시키셨고 그분의 마음을 품을 때 이해가 됨이니 감사. ●그냥 끌고 가신 것이 아니라 설득시켜주셨으니 감사.

예수님의 사랑으로 충만히 채워질찌어다!
예수님의 생명으로 충만히 채워질찌어다!
예수님의 총명으로 충만히 채워질찌어다!
예수님의 지혜로 충만히 채워질찌어다!

●주님 부르시는 그날까지 예수님의 빛으로 잠겼음을 감사. ●자녀를 맡길 수 있어 감사. ●주님께서 자녀를 회복시키시니 감사. ●지키시니 감사. ●인도하시니 감사. ●도우시니 감사. ●간섭하시니 감사. ●주님만이 나의 목자가 되시니 감사. ●주님만이 자녀의 목자가 되시니 감사. ●주님께서 나를 푸른 초장 쉴 만한 물가로 인도하시니 감사. ●주님만이 자녀를 푸른 초장 쉴 만한 물가로 인도하시니 감사. ●주님만이 자녀를 이끄시니 감사. ●붙드시니 감사. ●고치시니 감사. ●채우시니 감사. ●의의 길로 인도하시니 감사. ●주님만이 자녀의 주인이시니 감사. ●구주가 되시니 감사. ●주님만이 자녀의

생명이시니 감사. ●사랑이시니 감사. ●자녀의 왕이시니 감사. ●자녀의 목적이 되시니 감사. ●자녀의 소망이 되시니 감사. ●자녀의 힘이시고 방패가 되시고 산성이 되시고 요새가 되시고 피할 바위가 되시고 구원의 뿔이 되심을 감사. ●주님만이 자녀의 하나님이 되시고 아버지가 되시니 감사. ●주님만이 자녀의 존재 이유가 되시고 자녀의 전부가 되시니 감사. ●주님만이 자녀 필요의 모든 것이 되시니 감사. ●자녀에게 날마다 시간마다 분초마다 풍성하게 공급하고 채우시니 감사. ●자녀는 예수님 때문에 풍성한 사람이 되었으니 감사. ●자녀는 예수님의 것이니 감사. ●예수님만이 자녀를 책임지시니 감사. ●주님만이 자녀의 행복이 되시니 감사.

●주님만이 자녀의 보증이 되시니 감사. ●주님만이 자녀의 축복이 되시니 감사. ●주님만이 자녀를 끝까지 사랑하시는 분이시니 감사. ●주님만이 자녀를 끝까지 책임지시니 감사. ●주님만이 자녀를 끝까지 지키시는 분이시니 감사. ●주님만이 자녀와 끝까지 동행하시니 감사. ●주님만이 자녀의 친구가 되시니 감사. ●주님만이 자녀의 스승이 되시니 감사. ●주님만이 자녀의 찬양을 받으실 분이시니 감사. ●오늘까지 지키시고 인도하신 주님 은혜 감사. ●주일 쉬는 일자리 주신 것 감사. ●이젠 주일 성수하게 하심을 감사. ●예배드리게 하심을 감사. ●은혜 입혀주시니 감사. ●앞길이 열릴찌어다! 앞길을 대로같이 열어 주심을 감사. ●통치하심을 감사. ●주님께

서 인도하시고 지키시고 동행하시고 축복하심을 감사. ●학업
의 문도 열어주시니 감사. ●주님께서 통치하심을 감사. ●주
님께서 잘 아시니 감사. ●자녀를 통해 오직 주님 이름이 존귀
케 되게 하시니 감사. ●오직 주님께만 영광 돌리는 삶이 되게
하심을 감사. ●시간마다 분초마다 주님께만 영광 돌리게 하
심을 감사. ●믿음의 신실한 배필, 현숙한 여인, 유덕한 배필을
만나게 하심을 감사.

　　●나는 예수님 때문에 기도를 쉬는 죄를 범하는 자가 아니
니 감사. ●나는 예수님 때문에 늘 깨어서 성령 안에서 수시로
기도하는 자가 되었으니 감사. ●나는 예수님 때문에 불평하
는 자가 아니니 감사. ●나는 예수님 때문에 감사하는 자가 되
었으니 감사. ●나는 예수님 때문에 불안해하는 자가 아니니
감사. ●나는 예수님 때문에 평안의 사람이 되었으니 감사. ●
나는 예수님 때문에 두려워하는 자가 아니니 감사. ●나는 예
수님 때문에 강하고 담대한 자가 되었으니 감사. ●나는 예수
님 때문에 약한 자가 아니니 감사. ●나는 예수님 때문에 강하
고 담대한 자가 되었으니 감사. ●나는 예수님 때문에 사람을
의식하고 사람 바라보고 비교하는 자가 아니니 감사. ●나는
예수님 때문에 만족하고 기뻐하고 감사하고 찬양하는 자가 되
었으니 감사. ●나는 예수님 때문에 말씀이 푯대가 되고 하나
님의 약속이 푯대가 되고 예수님만이 나의 푯대요 기준이 되
니 감사. ●나는 예수님 때문에 감사치 않는 자가 아니니 감사.

●나는 예수님 때문에 범사에 감사.

●전천후 감사하는 자가 되었으니 감사. ●나는 예수님 때문에 열등의식과 상관이 없으니 감사. ●낙심과 낙담은 나와 상관없으니 감사. ●나는 예수님 때문에 믿음의 사람이 되었으니 감사. ●약속의 사람이 되었으니 감사. ●기뻐하는 자가 되었으니 감사. ●감사하는 자가 되었으니 감사. ●소망하는 사람이 되었으니 감사. ●축복하는 사람이 되었으니 감사. ●나는 예수님 때문에 영적인 무력감에 빠지는 자가 아니니 감사. ●나는 예수님 때문에 영적으로 민감한 자가 되었으니 감사. ●나는 예수님 때문에 영적인 질병과 상관이 없으니 감사. ●나는 영적으로 강건한 자가 되었으니 감사.

●나는 예수님 때문에 예수님의 생명을 예수님의 사랑을 최고로 귀하게 여기는 자가 되었으니 감사. ●나는 예수님 때문에 애통하고 통회하는 심령이 되었으니 감사. ●나는 예수님 때문에 믿음 없는 자가 아니니 감사. ●나는 예수님 때문에 믿음의 사람이 되었으니 감사. ●범사에 주님을 인정하는 믿음을 가졌으니 감사. ●범사에 주님을 의지하는 믿음을 가졌으니 감사. ●범사에 감사하는 믿음을 가졌으니 감사. ●범사에 주님을 찬양하고 영광돌리는 자가 되었으니 감사. ●나는 예수님 때문에 불안해하고 염려, 걱정하는 자가 아니니 감사. ●나는 예수님 때문에 믿음의 사람, 감사의 사람, 말씀의 사람이

되었으니 감사. ●나는 예수님 때문에 사람 바라보는 자가 아니니 감사. ●예수님만 바라보는 가난한 심령이 되었으니 감사. ●의에 주리고 목마른 심령이 되었으니 감사. ●나는 예수님 때문에 작은 일에 충성하는 자가 되었으니 감사.

　●나는 날마다 시간마다 분초마다 예수 생명으로 풍성하게 공급받으니 감사. ●예수님은 나와 함께하시니 감사. ●시험들 때도 함께하시니 감사. ●외로울 때마다 함께하시니 감사. ●괴로울 때도 함께하시니 감사. ●게으를 때도 함께하시니 감사. ●죄 지을 때도 함께하시니 감사. ●갈등할 때도 함께하시니 감사. ●약할 때도 함께하시니 감사. ●어떤 말을 할 때도 함께하시니 감사. ●실수할 때도 함께하시니 감사. ●힘들어할 때도 함께하시니 감사. ●불평할 때도 함께하시니 감사. ●불안해 할 때도 함께하시니 감사. ●주님을 사모할 때도 함께하시니 감사. ●육에 끌려 다닐 때도 주님 함께하시니 감사. ●답답할 때도 나와 함께하시니 감사.

6장

"모든 염려를 다 맡기라" 권고하시니 감사

"너희 염려를 다 주께 맡기라 이는 그가 너희를 돌보심이라"(벧전 5:7)

●주님만이 나의 친구가 되심을 감사. ●주님만이 나의 의지가 되시니 감사. ●주님만이 나의 힘이시니 감사. ●주님만이 나의 문제를 해결해 주시는 분이시니 감사. ●주님만이 나의 위로 자가 되시니 감사. ●주님만이 나의 죄를 해결해 주심을 감사. ●주님만이 방패가 되시니 감사. ●주님만이 나를 이끄시니 감사. ●주님만이 나를 도우시니 감사. ●주님만이 나의 전부가 되시니 감사. ●주님만이 나의 모든 것이 되시니 감사. ●주님만이 나의 치료가 되시니 감사. ●주님만이 나를 사랑하시되 끝까지 사랑하시니 감사. ●주님만이 나를 언제나 동행하시니 감사. ●주님만이 나의 응답이시니 감사. ●주님만이 나의 의지가 되시니 감사. ●주님만이 나의 모든 것을 아

시니 감사. ●주님만이 나의 모든 것을 알아주시니 감사. ●나의 연약도 부족도 고통도 아픔도 슬픔도 감사도 기쁨도 사랑도 소원도 다 아시고 알아주시니 감사. ●넘어짐도 시험 듦도 실패도 갈등도 어떻게 할 수 없음도 나의 연약도 주님만이 다 아시니 감사. ●주님만이 나를 버리지 않으시니 감사.

●늘 붙들어주시니 감사. ●인도하시니 감사. ●고치시고 채우시고 부어주시니 감사. ●온전치 못한 나를 한 번도 외면치 않으시고 책망치 않으시고 늘 지키시고 동행하시고 이끄시고 축복하시니 감사. ●예수님이 나의 목자가 되시니 감사. ●나의 주인이 되시니 감사. ●나는 예수님 때문에 남을 인정치 못하는 자가 아니니 감사. ●나는 예수님 때문에 남을 인정하는 자가 되었으니 감사. ●다른 사람 속에 계신 주님을 인정하는 자가 되었으니 감사. ●나에게 상처주는 자를 통해 내 의를 처리해 주심을 감사. ●내 주관을 처리해 주심을 감사. ●내 고집을 처리해 주시니 감사. ●나는 예수님 때문에 내 의와 상관없으니 감사. ●나는 예수님 때문에 예수님의 의로 사는 자 되었으니 감사. ●나는 예수님 때문에 고집 부리는 자가 아니니 감사. ●상대방을 인정하는 자 되었으니 감사. ●중심에 계신 예수님을 인정하는 자 되었으니 감사.

●청소년의 영혼을 사랑하기 때문에 섬기는 모습, 그 선교를 위해 학생들의 영혼을 위해 기도하는 그 모습, 그 예수님의

모습을 보게 되니 너무너무 감사. ●청소년들을 사랑하는 예수님의 심장을 보게 되었음을 감사. ●맡겨준 그 영혼들을 위해 탄식하며 기도하는 그 모습을 볼 수 있음을 감사. ●나는 너무 방심하며 게으른 것을 보게 됨을 감사. ●밤중까지 이리 뛰고 저리 뛰고 가르치고 섬기고 일하는데 나의 게으름을 용서해 주시니 감사. ●나태함을 용서해 주시니 감사. ●나는 예수님 때문에 기도하기를 쉬는 죄를 범하는 자가 아니니 감사. ●청소년의 영혼을 위해 기도하는 자가 되었으니 감사. ●예수님 생명으로 채워주시니 감사.

●예수님 사랑으로 채워주시니 감사. ●예수님의 심장으로 일하게 하심을 감사. ●생명으로 복음으로 통치하시니 너무너무 감사. ●주님 통치하시니 감사. ●믿음의 신실하고 성실하며 영혼을 사랑하며 섬기며 헌신적인 사람을 많이 보내주심을 감사. ●주 예수 그리스도의 보혈과 성령의 불과 빛으로 덮으시니 감사. ●자녀를 위해서도 아무것도 염려하지 말고 모든 일에 기도와 간구로 너희 구할 것을 감사함으로 아뢰라 하시니 감사. ●모든 염려를 다 맡겨버리라 권고하시니 감사. ●자녀들을 위해 나는 기도 외에 아무것도 할 수 없음을 감사. ●기도도 내 힘으로는 할 수 없음을 감사. ●예수님이 나의 의지요 도움이요 길이시니 감사. ●나는 예수님 때문에 불안해하는 자가 아니니 감사.

●나는 예수님 때문에 갈등하는 자가 아니니 감사. ●나는 평안의 사람이 되었음을 감사. ●나는 예수님 때문에 형통한 자가 되었음을 감사. ●나는 예수님 때문에 기도하기를 쉬는 죄를 범하는 자가 아니니 감사. ●나는 쉬지 않고 기도하는 자가 되었으니 감사. ●성령 안에서 수시로 늘 깨어서 기도하는 자가 되었으니 감사. ●범사에 감사하는 자가 되었으니 감사. ●나는 예수님 때문에 항상 기뻐하는 자가 되었으니 감사. ●응답하신 주님께 감사. ●예수님의 역사하심을 보고 만지게 하심을 감사. ●마침내 믿음의 거부, 생명의 거부, 사랑의 거부가 되기 위해 쉬지 않고 일하시는 주님을 보게 되니 감사. ●100배의 축복을 주신 하나님께 감사.

●나도 주님의 양이니 감사. ●똑같으니 감사. ●문제 앞에 나는 속으로 갈등하고 힘들지만 말과 행동으로 표현한다는 것도 깨닫게 되니 감사. ●끊임없이 내 자신을 살피게 되니 감사. ●끊임없이 내 자신의 옛사람과 육의 사람, 율법, 죄, 질병을 깨닫게 되니 감사. ●드러나게 됨을 감사. ●태만이 드러나니 감사. 게으름이 드러나니 감사. ●영적인 질병이 드러나니 감사. ●기도하기를 쉬는 죄가 드러나니 감사. ●방심하는 것이 드러나니 감사. ●영적으로 잠자는 것이 드러나니 감사. ●마음이 굳어 있음을 발견하니 감사. ●나의 의가 발견되니 감사. ●상대를 통해 나를 발견하고 깨닫게 되니 감사. ●나는 예수님 때문에 미워하는 자가 아님을 감사. ●사랑하는 자가 되었

음을 감사. ●나는 예수님 때문에 오해하는 자가 아니니 감사. ●이해하는 자가 되었으니 감사. ●나는 예수님 때문에 남보다 나를 낮게 여기는 자가 아니니 감사. ●나보다 남을 낮게 여기는 자가 되었으니 감사. ●나는 예수님 때문에 내 의로 사는 자가 아니니 감사. ●하나님의 의로 사는 자가 되었으니 감사. ●나는 예수님 때문에 고집 부리는 자가 아니니 감사. ●믿음의 사람, 온유한 자, 생명의 사람이 되었으니 감사. ●나는 예수님 때문에 교만한 자가 아님을 감사. ●나는 예수님 때문에 겸손한 자가 되었으니 감사.

　●나는 예수님 때문에 우월감을 가지는 자가 아니니 감사. ●나는 예수님 때문에 겸손한 자, 낮은 자리에 있게 되었으니 감사. ●나는 예수님 때문에 자만한 자가 아니니 감사. ●나는 예수님 때문에 심령이 가난한 자가 되었으니 감사. ●나는 예수님 때문에 애통해 하는 심령이 되었으니 감사. ●나는 예수님 때문에 겸손, 온유한 자가 되었으니 감사. ●나는 예수님 때문에 긍휼이 여기는 자가 되었으니 감사. ●나는 예수님 때문에 육의 사람이 아니니 감사. ●나는 예수님 때문에 영의 사람이 되었으니 감사. ●나는 예수님 때문에 옛사람이 아니니 감사. ●나는 예수님 때문에 새사람이 되었으니 감사. ●나는 예수님 때문에 내 자랑하는 자가 아니니 감사. ●나는 예수님 때문에 예수님만 자랑하는 자가 되었으니 감사.

●노숙자를 하나님께서 부치셔서 응답해 주셨음을 또 축복해 주셨음을 믿고 감사 기도를 드리게 하심을 감사. ●목사님에게 아론과 훌같은 동역자가 되었으니 감사. ●브리스길라와 아굴과 같은 동역자가 되었으니 감사. ●디모데, 오네시오, 두기고, 뵈뵈같은 일꾼이 되었으니 감사. ●교회 기둥 같은 일꾼이 되었으니 감사. ●돌아오게 됨을 감사. ●그 영혼을 불쌍히 여기게 됨을 감사. ●영혼을 사랑함을 감사. ●영혼을 축복함을 감사. ●영혼을 위해 중보 기도함을 감사. ●그 성도를 소망적으로 보게 되니 감사. ●믿음으로 보게 되니 감사. ●긍정적으로 보게 되니 감사. ●축복하게 되니 감사. ●성도 속에 계신 예수님을 보게 되니 감사. ●섬기게 되니 감사. ●사랑하게 됨을 감사. ●위로하게 됨을 감사. ●격려하게 됨을 감사. ●포용하게 되니 감사. ●너그러운 마음으로 안으니 감사. ●성도를 통해 감사의 조건이 충만하니 감사. ●예수님의 심장으로 대하니 감사. ●예수님의 눈으로 보니 감사.●예수님의 귀로 듣게 되니 감사. ●예수님의 입으로 말하게 됨을 감사. ●예수님의 마음으로 사랑하니 감사. ●예수님의 손으로 섬기게 되니 감사. ●예수님의 말씀으로 동행하니 감사. ●집 나간 탕자를 기다리는 아버지의 마음이 되니 감사.

7장

하나님 이름을 훼방치 말라

"여호와여 귀를 기울여 들으시옵소서 여호와여 눈을 뜨고 보시옵
소서 산헤립이 사람을 보내어 살아 계시는 하나님을 훼방한 모든
말을 들으시옵소서"(사 37:17)

● 훼방은 하나님을 없신여김이요 하나님을 인정치 않음이
요 교만이라 했는데 내가 하나님 이름을 훼방한 죄를 용서해
주시니 감사. ● 나는 하나님의 것이요 나의 모든 것은 모두 하
나님의 것으로 내 마음대로 쓰면 안 된다고 했는데 내 마음대
로 쓴 것 용서하시니 감사. ● 하나님과의 시간 외는 다 방탕이
라 했는데 방탕을 고치고 방탕에 빠지지 않게 문제를 통해 깨
닫게 하심을 감사. ● 방탕의 죄를 용서하시니 감사. ● 긴장함
으로 주님만을 의지할 수밖에 없음을 감사. ● 불안과 갈등과
고통으로 주님을 의지하게 됨을 감사. ● 문제가 없으면 방탕
하고 나태하고 게으르고 태만함을 먼저 아시고 이 부분들을
치심을 감사. ● 자고하므로 방심하고 기도하기를 쉬는 죄를

범하여 영적으로 잠들까 봐 간섭해 주신 것 감사. ●나의 연약함과 신앙생활의 단점과 약점을 주님께서 먼저 아시고, 연약한 체질을 먼저 아시고 간섭해 주신 것 감사.

●깨닫게 하심을 감사. ●사람을 통해 문제를 통해 환경을 통해 나를 깨닫게 하시고 하나님의 형상으로 생명으로 사랑으로 회복시키심을 감사. ●문제 자체 속에 고통이 있고 갈등이 있고 아픔이 있지만 이를 통해 하나님의 사람으로 하나님의 형상으로 만들어 가시니 너무너무 감사. ●나는 예수님 때문에 방탕한 자가 아니니 감사. ●게으른 자가 아니니 감사. ●나태한 자가 아니니 감사. ●태만한 자가 아니니 감사. ●영적으로 방심하는 자가 아니니 감사. ●기도하기를 쉬는 죄를 범하는 자가 아니니 감사. ●나는 예수님 때문에 자고한 자가 아니니 감사. ●나는 예수님 때문에 부지런한 자가 되었으니 감사. ●성실한 자가 되었으니 감사. ●신실한 자가 되었으니 감사. ●말씀과 기도로 깨어있는 자가 되었으니 감사.

●나는 예수님 때문에 영적인 사람이 되었으니 감사. ●믿음의 사람이 되었으니 감사. ●생명의 사람이 되었으니 감사. ●날마다 시간마다 분초마다 숨 쉬는 순간마다 주님과 일치하는 삶을 살며 주님과 교통하게 됨을 감사. ●빛으로 인도하시니 감사. ●지금도 날마다 시간마다 분초마다 숨쉬는 순간마다 빛의 갑옷을 입혀주셨으니 감사. ●예수님의 사랑의 갑옷으로, 생명의 갑옷으로 입혀주셨으니 감사. ●주님께서 전적

으로 책임지시니 감사. ●주님께서 그 영혼과 앞길과 장막과 배필과 생업을 보장하시니 감사. ●보증하시니 감사. ●축복하시니 감사. ●인도하시니 감사. ●살아계신 생명과 사랑의 주님을 만나게 하심을 감사.

●하나님의 살아계심을 생명이심을 사랑이심을 전능하심을 눈으로 보고 귀로 듣고 손으로 만진 바 되게 하심을 감사. ●주님 때문에 감사하게 하심을 감사. ●주님 때문에 가난한 자가 아니요 부자가 되었음을 감사. ●주님 때문에 행복한 자가 되었음을 감사. ●주님 때문에 승리자가 되었음을 감사. ●주님만이 성도의 하나님이 되시니 감사. ●주님만이 구주가 되심을 감사. ●주님만이 성도의 길이 되심을 감사. ●빛이 되심을 감사. ●진리가 되심을 감사. ●주님만이 이 성도의 왕이 되심을 감사. ●주님만이 성도의 의지가 되심을 감사. ●주님만이 성도의 생명이심을 감사. ●사랑이심을 감사. ●목적이 되심을 감사. ●소망이 되심을 감사. ●힘이 되심을 감사. ●방패가 되심을 감사. ●산성이 되심을 감사. ●요새가 되심을 감사. ●존재 이유가 되심을 감사. ●전부가 되심을 감사. ●필요의 모든 것이 되심을 감사. ●모든 것이 되심을 감사. ●삶의 힘이 되심을 감사. ●능력이 되심을 감사. ●은혜가 되심을 감사. ●기업이 되심을 감사. ●보증이 되심을 감사. ●보장이 되심을 감사.

●책임지는 자이심을 감사. ●주님만이 그 성도의 의논 상대, 응답 상대, 친구, 아버지, 위로, 형제, 가족, 동역자, 동행자, 지키심이 되시니 감사. ●예수님께서 성도와 함께 하시면서 예수님과 늘 일치하는 삶을 살게 하심을 감사. ●매 순간순간도 예수님을 우선하며 예수님을 인정해 드리며 의지하게 하심을 감사. ●순종하게 하심을 감사. ●예수님 마음에 합한 자가 되게 하심을 감사. ●지금 이 순간도 부활 생명으로 역사하시는 예수 그리스도만 바라보게 하심을 감사. ●성도는 예수님 때문에 사단의 통치받는 자가 아니요 죄의 종이 아니요 의의 종이 되었으니 감사. ●예수님의 통치받는 자가 되었음을 감사. ●성도는 예수님 때문에 어둠이 아니라 빛이 되었으니 감사. ●사망이 아니요 생명의 사람이 되었으니 감사. ●미움이 아니요 사랑의 사람이 되었으니 감사.

●옛사람이 아니요 새사람이 되었으니 감사. ●죄와 사망의 법 아래 있는 자가 아니니 감사. ●생명의, 성령의 법 아래 있는 자가 되었으니 감사. ●불평하는 자가 아니니 감사. ●감사하는 자가 되었으니 감사. ●분을 품는 자가 아니요 용서하는 자가 되었으니 감사. ●육의 사람이 아니요 영의 사람이 되었으니 감사. ●자기 의로 사는 자가 아니니 감사. ●하나님의 의로 사는 자 되었으니 감사. ●낙심, 낙담하는 자가 아니니 감사. ●소망의 사람이 되었으니 감사. ●저주하는 사람이 아니요 축복의 사람이 되었으니 감사.

교회를 맡겨주셔서 너무너무 감사

"이방들이여 너희는 여호와의 말씀을 듣고 먼 섬에 전파하여 이르기를 이스라엘을 흩으신 자가 그를 모으시고 목자가 그 양 떼에게 행함 같이 그를 지키시리로다 여호와께서 야곱을 구원하시되 그들보다 강한 자의 손에서 속량하셨으니 그들이 와서 시온의 높은 곳에서 찬송하며 여호와의 복 곧 곡식과 새 포도주와 기름과 어린 양의 떼와 소의 떼를 얻고 크게 기뻐하리라…"(렘 31:10-14)

●주님이 우리 부부의 영육을 하나로 모아주셨음을 감사. ●자녀들을 믿음으로, 온 가족을 주님의 통치 안에 모아주셨음을 감사. ●심령 천국, 가정 천국, 교회 천국으로 모아주신 주님 은혜 감사. ●흩어진 물질을 모아주심을 감사. ●흩어진 양 무리를 모아주심을 감사. ●흩어진 신실한 일꾼을 모아주신 주님 은혜 감사. ●주님께서 나를 속량하심을 감사. ●우리보다 강한 자의 손에서 구속하셨음을 감사. ●나, 가족, 성도, 저희들이 와서 시온이 높은 곳, 교회에서 찬송하며 여호와의 은사 곧 곡식과 새 포도주와 기름과 어린 양 떼와 소의 떼로 모이게 하심을 감사. ●심령이 물댄 동산같이 됨을 감사드리면 다시는 근심이 없으니 감사. ●나. 우리 부부, 가정, 온 교회가 춤추며 즐거워하며 함께 즐거워하게 됨을 너무너무 감사. ●하나님께서 우리의 슬픔을 돌이켜 즐겁게 하니 또 우리를 위로하며 근심한 후에 기쁨을 얻게 하심을 너무너무 감사.

●주님이 기름으로 생명으로 사랑으로 축복으로 심령에 흡족케 하심을 감사. ●한 성도의 안타까움을 바라보며 내가 어떻게 할 수 없음을 감사. ●영혼을 위해 나는 아무것도 할 수 없음을 감사. ●주님께서 책임지시니 감사. ●주님께서 인도하시니 감사. ●주님께서 붙드시니 감사. ●주님만 바라보게 하시니 감사. ●주님만을 의지하게 하심을 감사. ●주님께서 불꽃같은 눈으로 지키시니 감사. ●머리털부터 발끝까지 주님의 보혈로 덮으시고 성령의 불과 빛으로 덮으시니 감사. ●주님의 영광과 거룩한 그 크신 이름을 위해 예수님께 온전히 내 뜻을 포기하고 하나님께 맡기게 됨을 감사. ●하나님이 일하심을 인정하니 감사. ●합력하여 선을 이루심을 감사. ●피차 선하게 인도하시니 감사.

"일을 행하시는 여호와, 그것을 만들며 성취하시는 여호와, 그의 이름을 여호와라 하는 이가 이와 같이 이르시도다 너는 내게 부르짖으라 내가 네게 응답하겠고 네가 알지 못하는 크고 은밀한 일을 네게 보이리라"(렘 33:23)

"너희는 가만히 있어 내가 하나님 됨을 알지어다"(시 46:10)

"내가 또 너희가 수고하지 아니한 땅과 너희가 건설하지 아니한 성읍들을 너희에게 주었더니 너희가 그 가운데에 거주하며 너희는 또 너희가 심지 아니한 포도원과 감람원의 열매를 먹는다 하셨느니라"(수 24:13)

●우리가 수고하지 아니한 땅과 우리가 건축하지 아니한 교회를 주셨으니 너무너무 감사. ●우리가 그 가운데 거하며 또 우리가 심지 아니한 포도원과 감람원의 과실을 먹게 하셨음을 너무너무 감사. ●하나님 은총의 표징을 보여주시니 감사. ●주님께서 온전히 통치하심을 감사. ●영권, 인권, 물권도 주셨음을 감사. ●하나님께서 하나님의 방법으로 하나님께서 직접 일을 행하시고 성취하심을 감사. ●오병이어 같은 기적을 베푸시니 감사. ●주님께서 친히 앞서 행하시고 이 일에 방해 세력들도 다 제거하셨으니 감사. ●천군천사 파송하셔서 이 일에 일일이 수종들게 하셨음을 감사. ●이 모든 일들이 주님 안에서 형통케 하심을 너무너무 감사. ●이를 통해 여호와의 구원을 눈으로 보고 손으로 만지게 됨을 감사.

"태초부터 있는 생명의 말씀에 관하여는 우리가 들은 바요 눈으로 본 바요 자세히 보고 우리의 손으로 만진 바라 이 생명이 나타내신 바 된지라 이 영원한 생명을 우리가 보았고 증언하여 너희에게 전하노니 이는 아버지와 함께 계시다가 우리에게 나타내신 바 된 이시니라 우리가 보고 들은 바를 너희에게도 전함은 너희로 우리와 사귐이 있게 하려 함이니 우리의 사귐은 아버지와 그의 아들 예수 그리스도와 더불어 누림이라 우리가 이것을 씀은 우리의 기쁨이 충만하게 하려 함이라"(요일 1:1-4)

●예수님 때문에 나는 돈을 사랑치 않는 자가 되었으니 너무너무 감사. ●사랑으로 나눠 주는 자, 사랑으로 섬기는 자,

사랑으로 베푸는 자 되었으니 너무너무감사. ●예수님 때문에 믿음, 순종, 감사. ●예수님 때문에 예수님 통치, 말씀 통치, 성령의 통치 받는 자 되었으니 감사. ●예수님 때문에 의의 종, 순종의 종이 되었으니 너무너무 감사. ●예수님 때문에 긍정적인 생각, 긍정적인 말, 긍정적으로 보는 자, 긍정적으로 듣는 자 되었으니 너무너무 감사. ●예수님 때문에 영의 생각, 영의 말, 믿음의 말, 감사의 말, 사랑의 말, 격려의 말, 축복의 말, 은혜와 덕과 유익을 끼치는 말, 유익한 말, 호평, 살리는 말, 될 일만 말함, 소망의 말하는 자 되었으니 너무너무 감사. ●예수님 때문에 믿음으로 생각하고 믿음으로 판단하고 믿음으로 말하고 믿음으로 선택하고 믿음으로 행하고 믿음으로 결정하는 자 되었으니 너무너무 감사. ●예수님 때문에 너그러움으로 섬기는 자, 영적으로 보는 자, 영혼을 보는 자, 영혼을 사랑하는 자, 영혼을 긍휼히 여기는 자, 믿음으로 바라보는 자, 약속을 의지하는 자 되었으니 너무너무 감사.

●예수님 때문에 협력하는 자, 중보 기도하는 자, 세우는 자, 칭찬하는 자, 격려하는 자, 절제하는 자, 축복하는 자가 되었으니 너무너무 감사. ●예수님 때문에 새 부대가 되었으니 감사. ●신약의 사람, 가나안의 사람, 은혜의 사람, 주님의 뜻대로 사는 자, 충성된 종이 되었으니 너무너무 감사. ●예수님 때문에 새사람, 영의 사람, 하나님께 영광 돌리는 자가 되었으니 너무너무 감사. ●예수님 때문에 새 곳간, 좁은 문, 택함 받은 자,

알곡, 좋은 씨, 슬기로운 다섯 처녀, 반석 위에 지은 집, 보물을 하늘에 쌓아두는 자가 되었으니 너무너무 감사. ●예수님 때문에 깨끗한 그릇, 좋은 포도주, 빛, 하나님의 자녀, 생명의 성령의 법, 예수님의 통치, 생명과가 되었으니 너무너무 감사.

●불평할 자격도 없음을 감사. ●비판할 자격도 없음을 감사. ●정죄할 자격도 없음을 감사. ●잘잘못을 지적할 자격도 없음을 감사. ●나는 아무것도 할 수 없음을 감사. ●오직 감사할 자격만 있으니 감사. ●기도할 자격만 있으니 감사. ●사랑할 자격만 있으니 감사. ●섬기는 자격만 있으니 감사. ●하나님께 맡기는 자격만 있으니 감사. ●주님이 하심을 인정하게 됨을 감사. ●내 생각을 내려놓게 하시니 감사. ●내 주관을 내려놓게 하시니 감사. ●내 주장을 내려놓게 하시니 감사. ●내 방법을 십자가 앞에 내려놓게 하시니 감사. ●하나님께 맡기게 하심을 감사. ●어떠한 결과도 하나님이 하셨음을 인정케 하시니 감사. ●불안함이 없으니 감사. ●답답함이 없으니 감사.

●안타까움이 없으니 감사. ●속상함이 없으니 감사. ●예수님 때문에 나는 자기 영광, 자기 자랑, 사람에게 인정받고자 하는 자가 아니니 너무너무 감사. ●예수님 때문에 내 잣대, 내 기준, 내 생각, 내 자아, 내 방법, 내 계획, 내 의로 반응하는 자가 아니니 감사. ●예수님 때문에 나는 예수님의 계획, 예수님

의 생각, 예수님의 방법, 예수님의 뜻, 예수님의 인도로 사는 자 되었으니 너무너무 감사. ●예수님만 나의 길, 나의 등이 되시고 인도함이 되시니 감사. ●예수님 때문에 성결치 못함, 허망된 생각, 어두운 생각, 더러운 말, 염려, 근심, 걱정은 나와 전혀 상관이 없으니 너무너무 감사. ●예수님 때문에 좋은 말 하나님께 영광 돌리는 말, 이웃에게 은혜와 덕과 유익을 끼치는 자가 되었으니 감사.

●예수님 때문에 비방, 추악, 악의, 시기, 분쟁, 험담, 수군수군, 부정, 게으름, 방탕, 고집, 코웃음 치는 것, 눈짓하는 것, 음란, 원통함을 품는 것, 섭섭함, 불만족, 무례함은 나와 전혀 상관이 없음을 너무너무 감사. ●예수님 때문에 이간질, 원한을 품는 분노, 못 마땅히 여기고 이해 못하는 것, 양보 못하는 것, 상대방을 인정 못하는 것, 훼방, 분리되는 것, 모이기를 폐하는 것, 하나 되는 것을 폐하는 것은 나와 전혀 상관없으니 너무너무 감사. ●예수님 때문에 남을 속이는 것, 비판, 정죄, 다투는 것, 다른 사람 죄짓게 내 주장으로 이기려는 것, 저주, 고통을 주는 것, 영적인 질병은 나와 전혀 상관이 없음을 너무너무 감사. ●예수님 때문에 고생하는 것, 상처 받는 것, 손가락질 당하는 것, 부당한 이익을 취하는 것, 예수님께 못 맡기는 것, 상대방을 인정치 못하는 것, 높아지는 것, 사람에게 인정받고자 하는 것, 사람을 의지, 돈을 의지, 약을 의지, 하나님 아닌 다른 것을 의지하는 것은 나와 전혀 상관이 없음을 너무너무 감사.

● 예수님 때문에 앞길을 막는 세력, 시험들게 하는 영, 기도하러 못 나가게 하는 영, 은혜 못 받게 하는 영, 응답 못 받게 하는 영, 축복 못 받게 하는 영, 부흥 못 하게 하는 영, 그 어떤 장애물도 나와 전혀 상관이 없음을 너무너무너무너무너무 감사. ● 예수님 때문에 자기의, 어둠, 자기 영광, 욕심, 인색, 육의 판단, 조급함, 즉흥적, 육으로 결단, 육으로 말하는 것, 헛된 영광 구하는 것, 불만, 비방, 두려움, 완악, 무례히 행함은 나와 아무 상관이 없으니 감사. ● 예수님 때문에 거짓 입술, 사람의 꾀, 구설의 다툼, 마음의 간사, 악독, 뜻을 허탄한데 둠, 거짓 맹세, 하나님 영광 가로챔, 하나님께 안 맡기고 내가 말함 또 내가 해결하려고 함, 흩어지는 것, 흩어지게 하는 것, 넘어지는 것, 실패하는 것은 나와 전혀 상관이 없으니 너무너무 감사.

● 예수님 때문에 나는 빈곤한 마음이 아니니 감사. ● 어두운 마음이 아니니 감사. ● 마음속의 분쟁을 이기니 감사. ● 혈기를 철저히 부인하는 자 되었으니 감사. ● 교만을 철저히 부인하는 자 되었으니 감사. ● 불평을 철저히 부인하는 자 되었으니 감사. ● 자기 고집을 철저히 부인하는 자 되었으니 감사. ● 자만을 철저히 부인하는 자 되었으니 감사. ● 하나님을 대적하는 그 어떤 마음도 철저히 부인하는 자 되었으니 너무너무 감사. ● 통치하시니 감사. ● 온유한 마음이 되었음을 감사. ● 예수님의 사랑의 마음이 되었으니 감사. ● 겸손한 마음이 되었으니 감사. ● 감사하는 마음이 되었으니 감사. ● 사랑의

마음이 되었으니 너무 감사. ●진실한 마음이 되었으니 감사.
●생명의 마음이 되었으니 너무 감사. ●그 어떤 자도 포용하
는 마음이 되었으니 너무 감사. ●그 어떤 자도 허물을 덮어주
는 사랑의 마음이 되었으니 너무 감사. ●그 어떤 실수도 감싸
주는 너그러운 자가 되었으니 너무 감사. ●예수님 때문에 내
마음을 사랑의 불용광로가 되게 하셨으니 감사. ●그 어떤 자
도 그 사랑에 녹임을 받을 수 있게 됨을 너무 감사.

●그 마음이 사랑의 핵폭탄이 되었으니 감사. ●그 어떤 자
도 예수님 사랑으로 불을 붙이는 자가 되었으니 너무너무 감
사. ●가정을, 교회를, 지역, 도성, 나라, 민족, 세계 열방을 기
도로서 섬김으로서 복음을 전함으로 예수님 사랑의 불바다를
만드는 자가 되었으니 너무 감사. ●예수님 때문에 바른 말만
하는 자가 되었으니 너무 감사. ●또 생명의 말, 축복의 말, 살
리는 말, 은혜와 덕과 유익을 끼치는 말, 세우는 말, 위로하는
말, 칭찬하는 말, 감사하는 말, 소망의 말, 될 말, 사랑의 말, 격
려하는 말, 하나님께 영광 돌리는 말만 하는 자가 되었으니 너
무너무 감사.

8장

생명의 말씀을 선포

"너는 말씀을 전파하라 때를 얻든지 못 얻든지 항상 힘쓰라 범사
에 오래 참음과 가르침으로 경책하며 경계하며 권하라"(딤후 4:2)

●예수님 때문에 예수님의 영광과 거룩한 그 크신 이름을
위해 나의 입술에 파수꾼을 세워 주심을 감사. ●입술에 재갈
을 먹여주시니 감사. ●입술을 주 예수 그리스도의 보혈로 덮
으사 지켜주심을 감사. ●입술을 24시간 365일 주님 부르시는
그날까지 찬양이 끊이지 않게 하심을 감사.●감사가 끊이지
않게 하심을 감사. ●생명의 말씀 선포함이 끊이지 않게 하심
을 감사. ●오직 시간마다 분초마다 예수님께만 영광 돌리게
하심을 감사. ●예수님 때문에 철저히 돈을 사랑하는 자가 아
니니 감사. ●철저히 탐욕의 사람이 아니니 감사. ●육체의 소
욕을 좇는 자가 아니니 감사. ●사단의 유혹 받는 자가 철저히
아니니 감사. ●혈기 부리는 자가 철저히 아니니 감사. ●사단
의 통치와는 전혀 상관이 없으니 감사. ●죄의 종이 철저히 아

니니 감사. ●전혀 상관이 없으니 감사. ●부정적인 생각과 말, 부정적으로 듣고 보는 것은 전혀 상관이 없으니 감사.

　●육의 일, 육의 생각은 전혀 상관이 없으니 감사. ●불평, 상처 주는 말, 과격한 말, 질투, 시기, 대적, 분쟁, 따지는 것, 미워하는 것, 불순종, 감사치 않는 것은 나와 전혀 상관이 없으니 감사. ●우상을 섬기는 것, 옛사람, 율법의 사람, 육의 사람, 하나님을 원망하지 않으니 감사. ●예수님 때문에 사람의 통치 받는 자가 아니니 감사. ●어둠이 아니니 감사. ●죄의 종이 아니니 감사. ●육의 사람이 아니니 감사. ●죄와 사망의 법에 거하는 자가 아니니 감사. ●예수님 통치받는 자가 되었으니 감사. ●예수님은 알맹이요 내용이요 전부가 되시니 감사. ●예수님은 필요의 모든 것이 되시고 예수님의 것이니 감사. ●인생도 예수님의 것이니 감사. ●모든 것을 예수님이 통치하시니 감사. ●축복하시니 감사. ●예수님 능력이 남편과 우리의 능력이 되시니 감사. ●자기 자신을 철저히 부인하는 자가 되었으니 감사. ●죄를 철저히 부인하는 자가 되었으니 너무 감사. ●육의 소욕을 철저히 부인하는 자가 되었으니 감사. ●사단을 철저히 물리치는 자가 되었으니 너무 감사. ●자기 의를 철저히 부인하는 자가 되었으니 감사. ●옛사람을 철저히 부인하는 자가 되었으니 너무 감사. ●어둠을 철저히 부인하는 자가 되었으니 감사. ●자기를 쳐서 예수님께 복종하는 자가 되었으니 너무 감사. ●죄를 철저히 부인하는 자가 되었으니 감사.

●율법을 철저히 부인하는 자가 되었으니 너무 감사. ●불법을 철저히 부인하는 자가 되었으니 너무 감사. ●교만을 철저히 부인하는 자가 되었으니 너무 감사. ●자기 속의 분쟁을 철저히 부인하는 자가 되었으니 너무 감사. ●영적 전쟁에서 늘 승리하는 자가 되었으니 너무 감사. ●돈을 사랑함을 철저히 부인하는 자가 되었으니 너무 감사. ●불순종을 철저히 부인하는 자가 되었으니 너무 감사. ●사람 소리 따르는 자 아니니 감사. ●돈을 사랑하는 자 아니니 감사. ●탐욕의 사람이 아니니 감사. ●반항하는 자가 아니니 감사. ●불순종하는 자가 아니니 감사. ●시험드는 자가 아니니 감사. ●마귀의 유혹 받는 자가 아니니 감사. ●사단 통치받는 자가 아니니 감사. ●육으로 보는 자가 아니니 감사. ●육으로 듣는 자가 아니니 감사. ●어둠의 사람이 아니니 감사. ●자기 주장을 내세우는 자가 아니니 감사. ●자기 생각으로 판단하는 자가 아니니 감사. ●자기 생각으로 말하는 자가 아니니 감사.

●예수님께 맡기는 사람이 되었으니 감사. ●범사에 예수님을 인정하는 자가 되었으니 감사. ●예수님께 맡기고 물어보는 자 되었으니 감사. ●허망한 생각하는 자가 아니니 감사. ●어둠을 생각하는 자가 아니니 감사. ●육의 생각, 옛 생각, 죄의 생각하는 자가 아니니 감사. ●생각과 마음이 사단의 통치받는 자가 아니니 감사. ●예수님의 통치 받는 자 되었으니 감사. ●예수님 생각, 영의 생각, 새것을 생각하는 자가 되었으니

감사. ●부정적인 생각하는 자가 아니니 감사. ●긍정적으로 생각하는 자가 되었으니 감사. ●우리의 생각이 예수님의 생각이 되었으니 감사. ●생각을 빛으로 통치하시니 감사. ●생명으로 통치하시니 감사. ●사랑으로 통치하시니 감사. ●어두운 마음이 아니니 감사. ●죄의 마음이 아니니 감사. ●육의 마음이 아니니 감사. ●마음이 사탄 통치 받는 자가 아니니 감사. ●우리의 마음을 예수께서 통치하시니 감사.

"믿고 구한 것은 받을 줄 믿으라"

"이루어 주신 줄 믿고 감사"

"부활을 확신하며 선포 감사 기도"

"다 이루었다"(되었음을 믿고 선포)

●하나님은 나의 아버지시니 감사. ●하나님을 의뢰하는 자가 되었으니 감사. ●감사함으로 부르짖으라 하시니 감사. ●내 힘으로 아무것도 할 수 없음을 감사. ●하나님께서 나를 책임지시니 감사. ●나를 보장하시니 감사. ●나를 보증하시니 감사. ●나는 혼자가 아니니 감사. ●나는 하나님의 위대한 빽이 있는 자니 감사. ●지금 내 마음과 고통과 갈등, 소원, 인도를 하나님 앞에 내어 놓을 수 있으니 감사. ●감사할 수 있어서 감사. ●나는 예수님 때문에 승리만 있으니 감사. ●나는 예수님 때문에 실패가 없으니 감사. ●나는 예수님 때문에 감사가 넘치니 감사. ●나는 예수님 때문에 시험과 상관없으니 감사.

●나는 예수님 때문에 최고의 행복자니 감사. ●천지 창조이래 이렇게 제일 좋은 가정을 주신 것 감사. ●천지 창조이래 이렇게 제일 좋은 남편을 주신 것 감사. ●천지 창조이래 이렇게 제일 좋은 자녀, 부모, 성도를 주신 것 감사. ●환경을 통해서 나를 생명의 사람으로 창조하시고 날마다 채우시니 감사. ●옛사람, 육의 사람, 나의 의, 나의 자랑, 교만, 죄, 어둠을 벗어 버리기 위해 끊임없이 크고 작은 아픔과 자극이 있으니 감사. ●나의 연약한 부분들이 크게 드러나니 감사. ●나를 보게 되니 감사. ●예수님이 나의 보장이 되시니 감사. ●예수님이 나의 보증이 되시니 감사. ●예수님이 나를 책임지시니 감사. ●나는 승리밖에 없으니 감사. ●환경 통해 사람 통해 끊임없이 나를 깨뜨려 주시니 감사. ●어둠의 쓰레기통을 비우고 깨끗케 청소하게 되니 감사.

●나는 어떻게 해야할 지 모르지만 주님을 의지할 수 있어 감사. ●주님이 나의 길이 되심을 감사. ●주님이 나의 등이 되심을 감사. ●주님이 내 길에 빛이시니 감사. ●나를 끊임없이 책임져 주시니 감사. ●보장해 주시니 감사. ●영적으로 깨어 있는 동역자들을 만나게 하심을 감사. ●영적으로 예수님 생명을 회복시켜 주심을 감사. ●생명이 차고 넘칠 때까지 이 길을 책임지시고 인도하시니 감사. ●붙드시니 감사. ●날마다 시간마다 분초마다 예수님 생명으로 예수님 사랑으로 채우시니 감사. ●예수님 때문에 돈의 우상을 무너뜨린 자 되었으니 감사.

●돈을 사랑하는 자가 아니니 감사. ●탐욕의 사람이 아니니 감사. ●돈 때문에 반항하는 자가 아니니 감사. ●돈 때문에 시험 드는 자가 아니니 감사. ●돈 때문에 혈기 부리는 자가 아니니 감사. ●돈 때문에 사단의 통치받는 자가 아니니 감사. ●돈 때문에 부정적인 생각하는 자가 아니니 감사. ●돈 때문에 부정적인 말하는 자가 아니니 감사. ●돈 때문에 부정적으로 보는 자가 아니니 감사. ●돈 때문에 부정적으로 듣는 자가 아니니 감사.

●돈 때문에 불평하는 자가 아니니 감사. ●돈 때문에 상처 주는 말하는 자가 아니니 감사. ●돈 때문에 과격한 말하는 자가 아니니 감사. ●돈 때문에 질투하는 자가 아니니 감사. ●돈 때문에 시기하는 자가 아니니 감사. ●돈 때문에 대적하는 자가 아니니 감사. ●돈 때문에 분쟁하는 자가 아니니 감사. ●돈 때문에 따지는 자가 아니니 감사. ●돈 때문에 미워하는 자가 아니니 감사. ●돈 앞에 자기 생각을 부인하는 자가 되었으니 감사. ●돈 앞에 육의 생각을 부인하는 자가 되었으니 감사. ●돈 앞에 고집부리는 자가 아니니 감사. ●돈 앞에 나를 순간순간 철저히 부인하는 자가 되었으니 감사. ●돈 때문에 거짓말하고 속이고 무익한 말하는 자가 아니니 감사. ●돈 때문에 수군수군, 원망, 판단, 정죄하는 자가 아니니 감사. ●돈 때문에 인색하고 무관심하고 방심하고 외면하는 자가 아니니 감사. ●돈 앞에 불안해하고 기죽고 벌벌 떠는 자가 아니니 감사. ●

돈이 있어도 감사. ● 돈이 없어도 감사.

돈아! 떠나가라!

넌 내 인생에 주인이 될 수 없다.

내 인생의 주인은 오직 예수님이시다.

9장

감사하는 생활

"항상 기뻐하라 쉬지 말고 기도하라 범사에 감사하라 이것이 그리
스도 예수 안에서 너희를 향하신 하나님의 뜻이니라"(살전 5:16-18)

 ## 한 해 동안 매일매일 감사 노트

●나의 구주 오직 예수시니 감사. ●나의 치료 오직 예수이
시니 감사. ●나의 힘 오직 예수이시니 감사. ●나의 응답 오직
예수이시니 감사. ●나의 왕 오직 예수이시니 감사. ●나의 속
죄 오직 예수이시니 감사. ●나의 목적 오직 예수이시니 감사.
●나의 길은 오직 예수이시니 감사. ●나의 존재 이유 오직 예
수이시니 감사. ●나의 도움 오직 예수이시니 감사. ●나의 전
부 오직 예수이시니 감사. ●나의 의지 오직 예수이시니 감사.
●나의 모든 것 오직 예수이시니 감사. ●나의 만족 오직 예수
이시니 감사. ●나의 알맹이 오직 예수이시니 감사. ●나를 인
도할 이 오직 예수이시니 감사. ●나의 보배 오직 예수이시니

감사. ●나를 일으킬 이 오직 예수이시니 감사. ●나의 보화 오직 예수이시니 감사. ●내 옆에 있는 분 오직 예수이시니 감사. ●나의 소원 오직 예수이시니 감사. ●나의 주인 오직 예수이시니 감사. ●나의 능력 오직 예수이시니 감사. ●나의 보호자 오직 예수이시니 감사. ●나의 친구 오직 예수이시니 감사. ●나를 책임져 주시는 분 오직 예수이시니 감사. ●나의 신랑 오직 예수이시니 감사. ●내 편 오직 예수이시니 감사.

●나의 신앙 오직 예수이시니 감사. ●나를 건지실 이도 오직 예수이시니 감사. ●나의 노래 오직 예수이시니 감사. ●나를 붙들어주실 이도 오직 예수이시니 감사. ●나의 감사 오직 예수이시니 감사. ●내게 칭찬하실 이도 오직 예수이시니 감사. ●나의 사명 오직 예수이시니 감사. ●나를 알아줄 이도 오직 예수이시니 감사. ●나의 기쁨 오직 예수이시니 감사. ●나를 이해해 주실 이도 오직 예수이시니 감사. ●나의 재산 오직 예수이시니 감사. ●나를 고쳐주실 이도 오직 예수이시니 감사. ●나의 벗 오직 예수이시니 감사. ●나를 변화시켜 주실 이도 오직 예수이시니 감사. ●나의 영적 아버지 오직 예수이시니 감사. ●내 마음을 아시는 분도 오직 예수이시니 감사.

●나의 꿈 오직 예수이시니 감사. ●나의 생각을 아시는 분도 오직 예수이시니 감사. ●나의 면류관 오직 예수이시니 감사. ●나의 연약을 아시는 분도 오직 예수이시니 감사. ●나의

위로 오직 예수이시니 감사. ●나의 체질을 아시는 분도 오직 예수이시니 감사. ●나의 내용 오직 예수이시니 감사. ●나의 질병을 다 아시는 분도 오직 예수이시니 감사. ●나의 영생 오직 예수이시니 감사. ●나의 고집을 꺾어주실 분도 오직 예수이시니 감사. ●나의 생명 오직 예수이시니 감사. ●나의 부족을 아시는 분도 오직 예수이시니 감사. ●나의 사랑 오직 예수이시니 감사. ●나의 게으름을 아시는 분도 오직 예수이시니 감사. ●나의 자랑 오직 예수이시니 감사. ●나의 형편을 아시는 분도 오직 예수이시니 감사. ●나를 알게 하시는 분도 오직 예수이시니 감사. ●나를 잘 되게 하시는 분도 오직 예수이시니 감사. ●나보다 나를 더 잘 되게 하시는 분도 오직 예수시니 감사. ●나를 크게 되게 하시는 분도 오직 예수이시니 감사.

●나를 채워 주시는 분도 오직 예수이시니 감사. ●나를 밀어주시는 분도 오직 예수이시니 감사. ●나를 감당케 하시는 분도 오직 예수이시니 감사. ●나를 사용하시는 분도 오직 예수이시니 감사. ●나의 걸음걸음 주장하시는 분도 오직 예수이시니 감사. ●내가 따라가야 할 이도 오직 예수이시니 감사. ●나의 죄악을 사하심도 오직 예수이시니 감사. ●나의 모든 질병을 고치심도 오직 예수이시니 감사. ●나를 새벽 기도하게 하심도 오직 예수이시니 감사. ●나에게 기도 동역자 주심도 오직 예수이시니 감사.

●나의 생명을 파멸에서 구속하신 분도 오직 예수이시니 감사. ●인자와 긍휼로 내게 관을 씌우심도 오직 예수이시니 감사. ●좋은 것으로 나의 소원을 만족케 하심도 오직 예수이시니 감사. ●내 청춘을 독수리처럼 새롭게 하심도 오직 예수이시니 감사. ●악인의 권세가 나의 업에 미치지 못하게 하신 분도 오직 예수이시니 감사. ●나를 죄악에 손을 대지 못하게 하신 분도 오직 예수이시니 감사. ●올무를 끊으시고, 벗어나게 하신 분도 오직 예수이시니 감사. ●말씀을 금, 곧 정금보다 더 사랑하게 하신 분도 오직 예수이시니 감사. ●나를 마귀에게 주어 해받지 않게 하신 분도 오직 예수이시니 감사. ●나의 출입을(생각, 말, 눈, 귀, 마음, 손길, 걸음, 행동, 물질, 일…) 지켜 주실 분도 오직 예수이시니 감사.

●지금부터 영원까지 지키시는 분도 오직 예수이시니 감사. ●내 발의 등은 오직 예수이시니 감사. ●내 길에 빛은 오직 예수이시니 감사. ●나의 승리 오직 예수이시니 감사. ●나의 사랑 오직 예수이시니 감사. ●나의 지혜 오직 예수이시니 감사. ●나의 명철 오직 예수이시니 감사. ●나의 넓은 마음 오직 예수이시니 감사. ●나의 온유 오직 예수이시니 감사. ●나의 겸손 오직 예수이시니 감사. ●나의 영광 오직 예수이시니 감사. ●나의 복 오직 예수이시니 감사. ●나의 관용 오직 예수이시니 감사. ●나의 평안 오직 예수이시니 감사. ●나의 확신 오직 예수이시니 감사. ●나의 보장 오직 예수이시니 감사. ●나

의 겸손 오직 예수이시니 감사. ●나의 의 오직 예수이시니 감사. ●나의 거룩 오직 예수이시니 감사. ●나의 계획 오직 예수이시니 감사. ●나의 꿈 오직 예수이시니 감사. ●나의 방법 오직 예수이시니 감사. ●나를 돌이키게 하심도 오직 예수이시니 감사. ●나를 회개케 하심도 오직 예수이시니 감사.

●나의 사명 오직 예수이시니 감사. ●나를 굽은 길로 치우치지 않게 하심도 오직 예수이시니 감사. ●나의 성을 지키시는 분도 오직 예수이시니 감사. ●나의 가정을 지키시는 분도 오직 예수이시니 감사. ●나의 가족을 지키시는 분도 오직 예수이시니 감사. ●교회를 지키시는 분도 오직 예수이시니 감사. ●나의 기업을 지키시는 분도 오직 예수이시니 감사. ●이 나라 이 민족을 지키시는 분도 오직 예수이시니 감사. ●대통령, 국회, 학교, 방송국, 기업, 육·해·공군을 지키시는 분도 오직 예수이시니 감사. ●나의 기업 오직 예수이시니 감사. ●태의 열매도 오직 예수이시니 감사. ●나의 경외 오직 예수이시니 감사. ●나의 복과 형통도 오직 예수이시니 감사. ●나를 특별한 소유 삼으심도 오직 예수이시니 감사. ●주님의 영을 보내 나를 창조하심도 오직 예수이시니 감사. ●예수 그리스도의 십자가로 나를 낳으심도 오직 예수이시니 감사.

●주님의 영을 보내 하나님을 경외케 하심도 오직 예수이시니 감사. ●주님의 영을 보내 새롭게 하심도 오직 예수이시

니 감사. ●주님의 영을 보내 가정을 새롭게 하심도 오직 예수이시니 감사. ●주님의 영을 보내 교회를 새롭게 하심도 오직 예수이시니 감사. ●주님의 영을 보내 성도들을 새롭게 하심도 오직 예수이시니 감사. ●매일매일의 감사의 중심을 보시니 감사. ●추수감사절에 드릴 수 있게 날마다 감사를 심을 수 있게 하시니 감사. ●절기 때 형편에 따라 감사하기보다 일년 365일 날마다 감사를 표현할 수 있게 하시니 감사. ●작은 시작이지만 행할 수 있게 하시니 감사. ●작은 정성이고 부족하지만 실천할 수 있어 감사.

> "이튿날에 왕이 새벽에 일어나 급히 사자 굴로 가서 다니엘이 든 굴에 가까이 이르러서 슬피 소리 질러 다니엘에게 묻되 살아 계시는 하나님의 종 다니엘아 네가 항상 섬기는 네 하나님이 사자들에게서 능히 너를 구원하셨느냐 하니라 다니엘이 왕에게 아뢰되 왕이여 원하건대 왕은 만수무강 하옵소서 나의 하나님이 이미 그의 천사를 보내어 사자들의 입을 봉하셨으므로 사자들이 나를 상해하지 못하였사오니…" (단 6:19-27)

●말씀을 통해 감사의 위력을 또 보게 되니 감사. ●다니엘이 포로된 나라에서 하루에 세 번씩 예루살렘을 향해 문을 열어놓고 감사 기도하는 것을 보게 되니 감사. ●나라도 뺏기고 백성은 포로로 잡혀 왔는데 그런 환경 가운데서도 하나님 앞에 감사하는 것을 보게 되니 감사. ●시기와 질투로 큰 시험의 바람이 불었지만 다니엘은 그 어떤 것도 두려워하지 않고 흔

들리지 않고 평소 하던 대로 하루 세 번 창문을 열어놓고 기도하는 것을 보게 되니 감사. ●하나님 앞에 사는 다니엘을 보게 되니 감사. ●하나님의 약속을 의심치 않고 100% 신뢰하고, 100% 믿고, 100% 의지하고, 100% 맡기고, 100% 순종하는 모습을 보게 되니 감사. ●하나님 뜻으로 말미암아 하나님 자녀가 되었음을 감사. ●하나님 뜻으로 말미암아 성도가 되었으니 감사. ●그리스도 앞에서 날마다 신실한 형제자매를 붙여주심을 감사. ●기도의 동역자를 붙여주셨음을 감사.

　●날마다 찬양에 불이 붙게 기도에 불이 붙게 말씀의 은혜의 불이 붙게 하시니 감사. ●날마다 말씀의 은혜가 풍성하니 감사. ●날마다 주님 안에서 교제가 풍성하니 감사. ●기도할 처소를 주신 것 감사. ●기도할 수 있는 모든 여건을 갖추어지게 하심을 감사. ●좋은 기도의 동역자를 보내주셨음을 감사. ●마음껏 기도할 수 있게 하심을 감사. ●마음껏 찬양할 수 있게 하심을 감사. ●마음껏 "아멘 아멘" 하고 은혜 받을 수 있어 감사. ●날마다 말씀의 꿀이 풍성하니 감사. ●이제 갈급해서 다른 곳에 은혜 받으러 또 기도하러 가지 않아도 되니 감사. ●말씀, 복음을 전할 수 있게 하시니 감사. ●말씀을 가르칠 수 있게 하시니 감사. ●기도로 연약한 자를 섬길 수 있으니 감사. ●하나님이 주신 은사로 성도를 섬길 수 있게 하시니 감사.

　●쓰임 받으니 감사. ●새벽 기도도 회복시켜 주심을 감사.

●새벽마다 말씀의 은혜가 충만하니 감사. ●새벽 때에도 영혼을 보내 주신 것 감사. ●차량 운행 할 수 있게 하심을 감사. ●평생 무사고하게 지켜주심을 감사. ●영적으로 회복시켜 주셨음을 감사. ●인격을 회복시켜 주셨음을 감사. ●성격을, 습관을 회복시켜 주셨음을 감사. ●주님 안에서 한마음 한뜻이 되게 하셨음을 감사. ●회복시켜 주셨음을 감사. ●영성을, 은사를, 사역을, 건강을 회복시켜 주셨음을 감사. ●물질의 근심으로부터 회복시켜 주셨음을 감사. ●자녀들도 회복시켜 주셨음을 감사. ●믿음을, 은혜를, 신앙생활을, 예배를, 찬양을, 기도를, 헌금 생활을, 앞길을 회복시켜 주셨음을 감사.

●믿음의 신실한, 진실한, 말씀과 기도로 깨어있는 지혜롭고 현숙한, 유덕한, 성실한 또 이 자녀들의 연약과 부족과 문제와 소원을 두고 눈물로 기도하며 세워나갈 수 있는, 이 자녀들을 인정해 주고 밀어주는 배필, 또 부모를 하나님처럼 공경하는 형제에 우애하는 그런 배필을 보내주심을 감사. ●천지를 창조하신 하나님이 나의 아버지시니 감사. ●나의 주님이시니 감사. ●나의 목자가 되심을 감사. ●주 예수 그리스도가 나의 아버지가 되심을 감사. ●주는 그리스도시요 살아계신 하나님의 아들이심이 나의 신앙고백이 되니 감사. ●주 예수 그리스도를 진실로 고백하게 하심을 감사. ●"예수님은 주, 예수님은 그리스도!" 이 고백이 나의 노래가 되니 감사. ●나의 간구가 되니 감사.

내가 깨닫지 못해 알지 못하고 영적으로 어리니 성경을 읽어 "주 예수 그리스도"라는 말을 예사롭게 읽고 건너뛰고 나에게 내 마음에 필요한 말, 내게 위로되는 말씀만, 내게 칭찬해주는 말씀, 축복의 말씀, 응답의 말씀만, 사랑의 말씀, 아멘하고 노트에 적고, 기도했다.

●주 예수 그리스도는 나의 전부이시니 감사. ●주 예수 그리스도는 나의 모든 것이시니 감사. ●주 예수 그리스도는 나의 목적이시니 감사. ●주 예수 그리스도는 나의 존재이시니 감사. ●주 예수 그리스도는 나의 알맹이요 나는 껍데기가 되시니 감사. ●주 예수 그리스도는 모든 것에 모든 것이 되시니 감사. ●주 예수 그리스도는 나의 생명이시니 감사. ●주 예수 그리스도는 나의 내용이시니 감사. ●주 예수 그리스도는 하나님이 내게 주신 연애 편지이시니 감사. ●나에게 하나님의 은혜와 평강을 주시니 감사. ●하나님의 은혜와 평강을 전하는 자 되었으니 감사. ●하나님 곧 우리 주 예수 그리스도께 진심으로 감사하게 하시니 감사. ●주 예수 그리스도의 아버지께 감사, 찬양, 영광 돌리게 하시니 감사.

●예수 그리스도 안에서 믿음을 주셨음을 감사. ●예수 그리스도 안에서 사랑을 받은 자임을 감사. ●예수 그리스도 안에 있는 자가 되었으니 감사. ●예수 그리스도가 나의 소망이시니 감사. ●이제 하늘에 소망을 쌓아두는 자 되었으니 감사. ●이전에 복음의 진리의 말씀을 듣게 하셨음을 감사. ●나도

복음을 모르는 자에게 복음의 진리의 말씀을 전하게 하심을
감사. ●이 귀한 복음이 나에게 이르렀음을 너무너무 감사. ●
복음의 진리의 말씀을 날마다 듣게 하심을 감사. ●또 진리의
말씀이 나에게 이르러 은혜 받게 하심을 감사. ●날마다 이 복
음을 듣고 깨닫게 하시고 은혜를 깨달음으로 열매를 맺어 자
라게 하심을 감사. ●나는 주님의 은혜에 인하여 믿음으로 말
미암아 구원을 받았으니 이것은 하나님의 선물이라 은혜, 믿
음, 구원은 하나님이 주신 선물이니 감사.

> "너희는 그 은혜에 의하여 믿음으로 말미암아 구원을 받았으니 이것은
> 너희에게서 난 것이 아니요 하나님의 선물이라"(엡 2:8)

구하고 찾고 두드리면 길이 열린다
하나님께 받은 감동을 순종하다 쉬든지 포기하면
마귀가 시험을 주어 열매 맺지 못하게 한다.

나에게 섭섭함을 주었던 모 사모님을 계속
생각나게 하며 그분이 적극적이어서 괜히 싫었다.
이런 마음으로 몇 달을 지나 약 1년을 지냈다.
오늘 성령님께서 지적하시며 깨닫게 해주셨다.
감사하며 "하나님! 좀 더 일찍 가르쳐 주시지요"라고 기도하며 말했다.
'감사하고 기도하고 축복하고 위로해야 하는데 나는 사단의 도구로 시기하
고 질투하고 미워하고 부정적으로 보고 왔구나…'

주님의 일 열심히 하는 자에게 기도로, 사랑으로, 위로로, 협력으로 섬겨야 하는데 오히려 대적만 했으니…. 하나님 앞에 회개했다.

"아, 중간은 없구나. 적극적이지 못하면 다 반대하는 편이구나."

새롭게 깨닫게 하심을 감사드렸다.

어떤 집사님이 "하나님이 사모님 출판할 때 드리라는 감동이 왔다"라고 300만 원을 주셨다. 그래서 제일 먼저 노트북을 샀다. 또 나만 전용으로 쓸 복사기를 준비하고 딸한테 손으로 쓴 노트를 몇 권 주고 파일을 만들어 달라고 했다. 그런데 문제가 많았다. 딸은 나의 글을 못 알아보았다. 기도 노트 한 권을 치는데 몇 달이 걸렸다.

대학 다니는 아들한테 노트 한 권을 주었다.

아들도 한 달이 넘게 틈틈이 쳤는데 컴퓨터가 고장 나서 파일이 다 날아가 내가 다시 쓰자니 엄두가 나지 않았다.

어떤 출판사를 감동을 주셨다. 그러나 자신이 없기에 출판에 대한 마음이 식어졌다. 보잘 것 없는 보리떡 5개, 물고기 2마리를 예수님 손에 올리니 오병이어의 기적이 일어났는데, 내가 가진 작은 것도 주님 손에 올려놓으면 "주님이 하시구나" 하고 여러 번 감동을 받았지만 적극적이지 못했다. 그러다 보니 하나님 앞에 선교의 열정이 식어가고 무관심으로 가고 있었다.

오늘 아침 그 사모님과의 문제, 이것이 문제가 아니라 영적인 문제 즉 하나님 앞에서 적극적이지 못하니 선교를 위해 기도하기를 쉬는 죄를 범하며 축복하고 섬기고 협력하기 보다는 방관하고 구경만 하고 좋은 소식도 기뻐하지 않고 안 좋은 소식도 슬프지 않았다.

이런 나를 깨닫고 보니 사모님에 대한 섭섭함과 부정적인 마음이 다 사라지고 오히려 미안한 마음이 생겼다. 적극적이지 못한 나를 주님 십자가 앞에 내려놓고 다시 기도를 시작했다.

이 일에도 하나님은 꺾을 것 꺾고 교만은 빼고 우상은 처리하고 연약은 세우심을 알았다.

'어떤 일이든 연단이 있구나'라고 깨달을 때 감사가 넘쳤다. 이 일을 통한 나의 자만과 교만을 처리하시고 물질에 대한 욕심을 처리하시고 내 의를 처리하시고 내가 하는 것이 아니라 하나님이 하심을 인정하게 하시고 재능도, 지혜도, 내 것이 아니고 하나님의 것이고 믿음을 키워 믿음의 행함을 보이게 하시는 하나님께 감사, 영광 돌린다.

10장

지혜를 구하는 기도

"너희 중에 누구든지 지혜가 부족하거든 모든 사람에게 후히 주
시고 꾸짖지 아니하시는 하나님께 구하라 그리하면 주시리라"(약
1:5)

하나님 앞에서도 사명 감당함에도 이 세상 살아감에도 지혜
가 없으면 너무 답답하고 일과 삶에 능률이 안 오른다. 지혜가
없으니 길이 안 보이고 답이 안 보인다. 그러다 지혜가 떠오르
면 막막함이 뻥 뚫려 답이 보이고 길이 보이면서 힘이 생긴다.

"너희 중에 누구든지 지혜가 부족하거든 모든 사람에게 후히 주시고 꾸
짖지 아니하시는 하나님께 구하라 그리하면 주시리라"(약 1:5)

하나님이 주시는 지혜가 제일 큰 빽이다. 안 되는 게 없고 안
뚫리는 게 없다.

하나님께는 나의 모든 일에 지혜가 준비되어 있다. 엄청나

게 큰 빽그라운드…. 이렇게 믿는 빽이 있고 믿는 구석이 있기에 담대하다. 모든 것에 모든 것 되시는 하나님께 모든 일에 지혜를 구해야 한다.

인생 자체에 소망이 없고 사방이 막히고 기댈 구석도 없고 한없이 무너지는 나를 보며 어리석고 무능하며 무지하고 미련하여 사람처럼 보이지 않고 지진 때 내려앉는 부실한 건물같이 보였다. 이럴 때 가만있으면 아무것도 안된다.

지혜를 구하는 기도를 해야 한다.
"길을 여는 지혜를 주세요.
어떻게 할까요? 무엇을 할까요? 무엇이 막혔나요?"
이런 지혜를 구하니 나에겐 지혜가 하나도 없었다. 하나님이 없는 지혜는 죽은 지혜였다. 내 지혜, 세상 지혜는 나를 살리지도 구원하지도 못했다. 지혜를 구하지 못한 무지함의 죄와 지혜가 없어 승리하지 못한 죄를 회개하며 범사에 지혜를 구할 때 지혜를 구하는 기도 제목이 쏟아졌다. 범사에 어리석고 미련하고 무지하면 하나님의 지혜가 와야 어리석음을 이기고 미련함과 무지함을 뛰어넘을 수 있다.

"오직 부르심을 받은 자들에게는 유대인이나 헬라인이나 그리스도는 하나님의 능력이요 하나님의 지혜니라"(고전 1:24)

●지혜를 깨닫는 지혜. ●범사에 지혜를 구하는 지혜. ●지

혜의 조건을 깨닫는 지혜. ●복음 전하는 지혜. ●말씀 깨닫는 지혜. ●행동하는 지혜. 시간을 아껴 쓰는 지혜. ●절약하는 지혜. ●하나님 뜻을 분별하는 지혜. ●하나님 뜻을 아는 지혜. ●하나님 뜻을 깨닫는 지혜. ●상담하는 지혜. ●기도하는 지혜. ●주님을 만나는 지혜. ●은혜 받는 지혜. ●단장하는 지혜. ●머리를 관리하는 지혜. ●옷을 입는 지혜. ●운전하는 지혜. ●섬기는 지혜. ●선택하는 지혜. ●몸을 관리하는 지혜. ●시간을 관리하는 지혜. ●물질을 관리하는 지혜. ●맡겨준 것을 관리하는 지혜. ●자녀 관리하는 지혜. ●양식을 관리하는 지혜. ●세월을 관리하는 지혜. ●건강을 관리하는 지혜. ●나눠주는 지혜. ●전화 받는 지혜. ●전화 거는 지혜.

●분별하는 지혜. ●삶의 지혜. ●섬기는 지혜. ●인내하는 지혜. ●인간관계를 위한 지혜. ●부모로서의 지혜. ●자녀로서의 지혜. ●성도로서의 지혜. ●사명 감당하는 지혜. ●사랑하는 지혜. ●표현하는 지혜. ●일을 처리하는 지혜. ●주님 안에 부지런해지는 지혜. ●찬송을 때에 맞게 고르는 지혜. ●사람을 찾는 지혜. ●사람을 만나는 지혜. ●의논하는 지혜. ●음식 만드는 지혜. ●눈치채는 지혜. ●하나님을 기쁘시게 하는 지혜. ●사람을 기쁘게 하는 지혜. ●은혜를 끼치는 지혜. ●유익을 끼치는 지혜. ●덕을 끼치는 지혜. ●찬양하는 지혜. ●순종하는 지혜.

●전쟁 때의 지혜. ●하나님을 경외하는 지혜. ●돈을 사용하는 지혜. ●돈을 모으는 지혜. ●돈이 들어오게 하는 지혜. ●일을 처리하는 지혜. ●일을 하는 지혜. ●처세하는 지혜. ●쉼을 얻는 지혜. ●쉼을 누릴 수 있는 지혜. ●승리하는 지혜. ●자유를 누리는 지혜. ●낮아지는 지혜. ●겸손해지는 지혜. ●심는 지혜. ●항상 성령의 인도를 구하는 지혜. ●항상 기도를 먼저 하는 지혜. ●물어보는 지혜. ●항상 감사하는 지혜. ●항상 감사로 표현하는 지혜. ●항상 믿음으로 바로보는 지혜. ●항상 믿음으로 말하는 지혜. ●항상 믿음으로 분별하는 지혜. ●항상 믿음으로 처세하는 지혜. ●화평케 하는 지혜. ●항상 승리의 길을 아는 지혜. ●항상 승리하는 지혜. ●하나님의 뜻을 깨닫는 지혜. ●하나님의 계획을 깨닫는 지혜. ●하나님의 의도를 깨닫는 지혜. ●하나님의 섭리를 깨닫는 지혜. ●항상 하나님께 먼저 영광 돌리는 지혜.

●항상 하나님의 마음을 먼저 헤아리는 지혜. ●항상 하늘의 것을 먼저 찾는 지혜. ●항상 하늘의 것을 구하는 지혜. ●항상 하나님의 음성을 듣는 지혜. ●항상 하나님의 음성을 정확하게 깨닫는 지혜. ●항상 하나님의 음성을 정확하게 듣는 지혜. ●항상 하나님의 말씀대로 결단하는 지혜. ●항상 하나님의 말씀대로 행동하는 지혜. ●항상 문제를 바로 진단하는 지혜. ●처리하는 지혜. ●항상 일을 바로 진단하고 아는 지혜. ●행동하는 지혜. ●항상 하나님 보시기에 옳은 길을 선택하

는 지혜. ●환경을 초월하는 지혜. ●사람을 초월하는 지혜. ●
물질을 초월하는 지혜. ●문제를 초월하는 지혜. ●사람을 얻
는 지혜.

　●사람을 또 일꾼을 키우고 기르는 지혜. ●일을 분담하는
지혜. ●분리하는 지혜. ●일을 바로 시키는 지혜. ●일을 확실
하게 시키는 지혜. ●모든 일에 바로 가르치는 지혜. ●명령하
는 지혜. ●부탁하는 지혜. ●설득하는 지혜. ●거절하는 지혜.
●끊는 지혜. ●본을 보이는 지혜. ●섬기는 지혜. ●하나님의
권세를 나타내고 사용하는 지혜. ●하나님의 사랑을 심는 지
혜. ●세워주는 지혜. ●살리는 지혜. ●배려하는 지혜. ●양보
하는 지혜. ●낮아지는 지혜. ●겸손해지는 지혜. ●교만을 물
리치는 지혜. ●이해시키는 지혜. ●관리하는 지혜. ●감당하
는 지혜. ●어둠을 물리치는 지혜. ●웃길 수 있는 지혜. ●긍
정적으로 보는 지혜. ●강하고 담대할 수 있는 지혜. ●책망하
는 지혜. ●권면하는 지혜. ●칭찬하는 지혜. ●하나님의 사랑
을 나타내는 지혜. ●하나님의 사랑을 전하는 지혜.

　●하나님의 사랑으로 품는 지혜. ●하나님의 사랑으로 녹이
는 지혜. ●하나님의 사랑을 표현하는 지혜. ●하나님의 사랑
을 실천하는 지혜. ●청소하는 지혜. ●정리 정돈하는 지혜. ●
버릴 것과 취할 것을 바로 깨닫고 결단하고 행동하는 지혜. ●
게으름을 이기는 지혜. ●사람 상대하지 않고 하나님 상대하

는 지혜. ●환경 상대하지 않고 하나님 상대하는 지혜. ●물질 상대하지 않고 하나님 상대하는 지혜. ●말씀을 읽을 때 지금 필요한 말씀을 찾는 지혜. ●말씀을 읽을 때 지금 필요한 말씀을 바로 깨닫는 지혜.

●오직 살길과 하나님을 찾는 것, 모든 일에 하나님을 먼저 찾는 지혜. ●오직 살길과 하나님께 돌아오는 것, 마음과 시간과 생각을 뺏기지 않게 하나님께 먼저 돌아오는 지혜. ●마음을 다스리는 지혜. ●생각을 다스리는 지혜. ●일을 다스리는 지혜. ●사람을 다스리는 지혜. ●문제를 다스리는 지혜. ●영혼을 다스리는 지혜. ●물질을 다스리는 지혜. ●환경을 다스리는 지혜. ●말을 다스리는 지혜. ●소문을 다스리는 지혜. ●대화를 다스리는 지혜. ●자연을 다스리는 지혜. ●기후를 다스리는 지혜. ●질병을 다스리는 지혜. ●불평을 다스리는 지혜. ●사건을 다스리는 지혜. ●유산을 남기는 지혜. ●항상 저축하는 지혜. ●항상 믿음을 저축하는 지혜. ●항상 축복을 저축하는 지혜. ●항상 순종을 저축하는 감사 지혜.

●항상 기도를 저축하는 지혜. ●항상 사랑을 저축하는 씨앗 지혜. ●항상 긍휼을 저축하는 말씀 지혜. ●항상 하나님의 약속을 부여잡는 지혜. ●약속을 끌어내리는 지혜. ●항상 하나님이 주신 권세를 잘 사용하는 지혜. ●항상 하나님이 주신 특권을 사용하는 지혜. ●항상 하나님이 주신 은사를 사용하

는 지혜. ●항상 강하고 담대함을 얻는 지혜. ●일을 분담하는 지혜. ●감사의 조건을 찾는 지혜. ●하나님 사랑을 깨닫는 지혜. ●성령님 하시는 일을 깨닫는 지혜. ●성령님 하시는 일을 보는 지혜. ●입장을 다스리는 지혜. ●병을 다스리는 지혜.

●사건을 다스리는 지혜. ●일을 다스리는 지혜. ●분위기를 다스리는 지혜. ●어둠을 다스리는 지혜. ●상대방 마음을 다스리는 지혜. ●문제를 활용하는 지혜. ●시간을 활용하는 지혜. ●시간을 뺏기지 않는 지혜. ●영으로 다스리는 지혜. ●감사로 다스리는 지혜. ●믿음으로 다스리는 지혜. ●지혜로 다스리는 지혜. ●찬송으로 다스리는 지혜. ●기도로 다스리는 지혜. ●말씀으로 다스리는 지혜. ●성령의 소욕으로 육의 소욕으로 다스리는 지혜. ●마귀의 일을 다스리는 지혜. ●마귀의 유혹을 다스리는 지혜. ●흥분됨을 다스리는 지혜. ●염려를 다스리는 지혜. ●자랑을 다스리는 지혜. ●교만을 다스리는 지혜. ●무절제를 다스리는 지혜. ●죄악을 다스리는 지혜. ●게으름을 다스리는 지혜. ●불순종을 다스리는 지혜. ●TV를 다스리는 지혜. ●폰을 다스리는 지혜.

●컴퓨터를 다스리는 지혜. ●불순종을 다스리는 지혜. ●분쟁을 다스리는 지혜. ●미움을 다스리는 지혜. ●욕심을 다스리는 지혜. ●인색함을 다스리는 지혜. ●공포를 다스리는 지혜. ●거부함을 다스리는 지혜. ●시기 질투를 다스리는 지

혜. ●밀어냄을 다스리는 지혜. ●안일함을 다스리는 지혜. ●게으름을 다스리는 지혜. ●전화 통화를 다스리는 지혜. ●시간을 다스리는 지혜. ●하나님 심장을 헤아리는 지혜. ●하나님 마음을 헤아리는 지혜.

●영혼을 보는 지혜. ●영적으로 살피는 지혜. ●중심을 보는 지혜. ●어둠의 계략과 마귀 역사를 분별하고 아는 지혜. ●어둠 물리치고 이기는 지혜. ●대화 속에 영적으로 분별하는 지혜. ●행동 속에 영적으로 분별하는 지혜. ●문제 속에 영적으로 분별하는 지혜. ●사건 속에 영적으로 분별하는 지혜. ●강력하게 리더하는 지혜. ●보살피는 지혜. ●때에 맞게 바르게 대답하는 지혜. ●키우는 지혜. ●지키는 지혜. ●절약하는 지혜. ●아끼는 지혜. ●활용하는 지혜. ●포착하는 지혜. ●기회를 만드는 지혜. ●기회를 잡는 지혜. ●긍정적으로 대답하는 지혜. ●죄를 이기는 지혜. ●세상을 이기는 지혜. ●육의 것을 이기는 지혜. ●사람을 이기는 지혜. ●시험을 이기는 지혜. ●나눠주는 지혜. ●거절하는 지혜. ●인정을 물리치는 지혜.

●나를 포기하는 지혜. ●하나님을 선택하는 지혜. ●믿음을 선택하는 지혜. ●말씀을 선택하는 지혜. ●영의 것을 선택하는 지혜. ●하늘의 것을 선택하는 지혜. ●있는 것을 활용하는 지혜. ●글로 표현하는 지혜. ●입장이 난처할 때 죄짓지 않

는 지혜. ●입장이 난처할 때 믿음으로 말하는 지혜. ●입장이 난처할 때 변명하지 않는 지혜. ●입장이 난처할 때 사랑으로 말하는 지혜. ●입장이 난처할 때 살리는 말 하는 지혜. ●입장이 난처할 때 거절하는 지혜. ●입장이 난처할 때 덕을 세우는 말하는 지혜. ●입장이 난처할 때 끊는 지혜. ●입장이 난처할 때 거짓말하지 않는 지혜. ●말을 할 때 과장하지 않는 지혜. ●바르게 전달하는 지혜. ●긍정적으로 말하는 지혜.

●긍정적으로 표현하는 지혜. ●말로 마귀를 불러들이지 않는 지혜. ●말로 마귀를 물리치는 지혜. ●먼저 할 일과 나중할 일을 분별하는 지혜. ●먼저 할 일을 미루지 않는 지혜. ●먼저 할 일을 먼저 행하는 지혜. ●중한 것과 급한 것을 분별하는 지혜. ●중한 것을 먼저 하는 지혜. ●선과 악을 분별하는 지혜. ●선을 택하고 행하는 지혜. ●악을 선용하는 지혜. ●베푸는 지혜.

●꿈을 세우는 지혜. ●비전을 갖는 지혜. ●계획을 세우는 지혜. ●또 실천하는 지혜. ●식생활의 지혜. ●운동의 지혜. ●배우는 지혜. ●믿음으로 맡기는 지혜. ●피하는 지혜. ●결단하는 지혜. ●재활용하는 지혜. ●범사에 감사하는 지혜. ●준다고 받아야할지 분별하는 지혜. ●줄 때 거절하는 지혜. ●문제가 있을 때 가야할지 안 가야 할지 분별하는 지혜. ●아무리 급하고 어려워도 하나님이 가지마라 하면 안 가는 지혜. ●

이때 지혜롭게 말하는 지혜. ●영이 육을 사로잡는 지혜.

　●말씀이 강력하게 나를 사로잡는 지혜. ●말씀을 물리치지 않는 지혜. ●말씀을 불순종하고 미루지 않는 지혜. ●말씀을 포기하지 않는 지혜. ●말씀을 선택하고 결단하고 행하는 지혜. ●좋은 것을 양보하지 않는 지혜. ●기도 시간을 양보하지 않는 지혜. ●말씀 읽는 것을 양보하지 않는 지혜. ●예배를 양보하지 않는 지혜. ●하나님의 일을 양보하지 않는 지혜. ●부정적인 생각을 이기는 지혜. ●미움을 이기는 지혜. ●아픔을 이기는 지혜. ●인색함을 이기는 지혜. ●욕심을 이기는 지혜. ●속상함을 이기는 지혜. ●나를 욕하고 힘들게 할 때 품는 지혜.

"의를 위하여 박해를 받은 자는 복이 있나니 천국이 그들의 것임이라"
(마 5:10)

"나로 말미암아 너희를 욕하고 박해하고 거짓으로 너희를 거슬러 모든 악한 말을 할 때에는 너희에게 복이 있나니 기뻐하고 즐거워하라 하늘에서 너희의 상이 큼이라 너희 전에 있던 선지자들도 이같이 박해하였느니라"(마 5:11-12)

　●핍박을 받을 때 말씀을 기억하는 지혜. ●약속을 부여잡는 지혜. ●나를 욕하고 핍박하고 거짓으로 모든 악한 말을 할

때 하늘의 상급을 바라보며 기뻐하고 즐거워하는 지혜. ●범사에 하나님의 상 주심을 바라보는 지혜. ●범사에 하나님의 상 주심을 바라보며 참는 지혜. ●범사에 말씀을 택하는 지혜. ●인내하는 지혜. ●감사하는 지혜. ●후대하는 지혜. ●천사의 손길을 분별하는 지혜. ●하나님의 손길을 분별하는 지혜.

●능력을 얻는 지혜. ●능력을 활용하는 지혜. ●능력을 바르게 사용하는 지혜. ●내게 주신 은사를 분별하는 지혜. ●은사를 개발하는 지혜. ●은사를 활용하는 지혜. ●은사대로 일하는 지혜. ●하나님이 주신 분수를 아는 지혜. ●자족하는 지혜. ●남을 높이는 지혜. ●남을 인정해주는 지혜. ●남을 호평하는 지혜. ●얼굴 표정을 관리하는 지혜. ●바르게 지적해 주는 지혜. ●깨닫게 하는 지혜. ●하나님 영광을 나타내는 지혜. ●병을 이기는 지혜. ●사람을 사귀는 지혜. ●깨닫고 얻은 지혜를 행할 수 있는 능력을 얻는 지혜.

●마음 문을 열게 하는 지혜. ●복음을 전하는 지혜. ●선물을 잘 활용하는 지혜. ●그 가정에 필요를 아는 지혜. ●그 상대방 필요를 채워주는 지혜. ●즐겁게 해주는 지혜. ●마음을 시원케 해주는 지혜. ●마음을 받게 하는 지혜. ●복을 받게 하는 지혜. ●문제를 해결해 주는 지혜. ●바른 길로 인도하는 지혜. ●영적인 길을 열어주는 지혜. ●영적인 길로 가르쳐주는 지혜. ●영적으로 리드하는 지혜.

●기도의 제목을 바로 깨닫는 지혜. ●기도의 제목을 바로 가르치는 지혜. ●성령의 인도를 받는 지혜. ●영적인 사람을 만드는 지혜. ●기도의 일꾼 만드는 지혜. ●나를 이기는 지혜. ●나에게 필요한 것을 정확하게 깨닫는 지혜. ●나를 리드할 자를 찾는 지혜. ●또 만나는 지혜. ●바르게 가르침 받는 지혜. ●바르게 훈련받는 지혜. ●자녀를 양육하는 지혜. ●부모를 공경하는 지혜. ●모든 영혼을 사랑하는 지혜. ●모든 사람에게 복음을 전하는 지혜. ●모든 사람에게 다가가는 지혜. ●모든 사람에게 대화하는 지혜. ●사귀는 지혜. ●먹는 것을 절제하는 지혜. ●물질 사용을 절제하는 지혜. ●말을 절제하는 지혜. ●시간을 절제하는 지혜. ●생각을 절제하는 지혜.

●일을 절제하는 지혜. ●일을 처리하는 지혜. ●일을 바로 알고 계획하고 행하는 지혜. ●듣는 지혜. ●보는 지혜. ●말하는 지혜. ●행동하는 지혜. ●긍휼을 행하는 지혜. ●말하기를 더디하는 지혜. ●시험을 참는 지혜. ●시험을 기뻐하는 지혜. ●시험을 감사하는 지혜. ●속지 않는 지혜. ●이용 당하지 않는 지혜. ●뺏기지 않는 지혜. ●포기하는 지혜. ●실수하지 않는 지혜. ●말에 실수 않는 지혜. ●행동에 실수 않는 지혜. ●일에 실수하지 않는 지혜. ●문제에 실수하지 않는 지혜. ●기회에 실수하지 않는 지혜. ●은혜를 받는 지혜. ●덕과 유익을 받는 지혜. ●좋은 것을 취하는 지혜. ●믿음이 행함과 함께 일함을 아는 지혜. ●가난한 자를 돌아보는 지혜. ●병든 자를 돌

아보는 지혜. ●연약한 자를 돌아보는 지혜. ●기도의 승리하는 지혜.

●기생 라합처럼 하나님의 종을 알아보고 접대하고 선대하고 믿음으로 행하는 지혜. ●하나님께 순복하는 지혜. ●마귀를 대적하는 지혜. ●하나님을 가까이 하는 지혜. ●하나님을 날마다 더 사랑하는 지혜. ●하나님의 사랑을 깊이, 넓이, 길이를 높이는 더 아는 지혜. ●주 앞에서 낮추는 지혜. ●허탄한 것을 자랑치 않는 지혜. ●십자가를 자랑하는 지혜. ●예수님을 자랑하는 지혜 ●열매를 바라고 인내하고 굳게 기다리는 지혜. ●원망치 않는 지혜. ●선지자들의 고난과 오래 참음을 본을 삼는 지혜. ●기도 제목을 정확하게 바로 아는 지혜. ●기도 제목을 바로 표현하고 기도하는 지혜. ●기도 제목을 하나님을 감동시키게 하는 지혜. ●기도 제목을 하나님을 뜻대로 구하는 지혜. ●기도 제목을 사람을 감동시키는 지혜.

●기도할 때 나를 쳐 복종하고 성령으로 기도하는 지혜. ●환자들을 섬길 때 돌보는 지혜. ●목욕시키는 지혜. ●위로하는 지혜. ●세워주는 지혜. ●마음을 시원케 해주는 지혜. ●기도해 주는 지혜. ●기도를 표현하는 지혜. ●구설의 지혜. ●말의 지혜. ●행동의 지혜. ●상대방 성격을 파악하는 지혜. ●상대방에게 힘을 주는 지혜. ●상대방에게 소망을 주는 지혜. ●상대방에게 희망을 주는 지혜. ●수급자마다 어떻게 말해야

할 것을 아는 지혜. ●수급자마다 어떻게 행동해야 하는지를 아는 지혜. ●상대방마다 음식을 식성과 맛에 맞게 만드는 지혜. ●수급자마다 알맞게 운동시키는 지혜. ●복음을 전하는 지혜. ●수급자를 감동시키는 지혜. ●보호자들을 감동시키는 지혜. ●기도할 때 교만치 않는 지혜. ●기도할 때 사람을 의식치 않는 지혜.

●기도할 때 교만을 물리치고 이기는 지혜. ●기도할 때 잡음을 물리치고 이기는 지혜. ●기도할 때 잡생각을 물리치고 이기는 지혜. ●기도할 때 마귀를 물리치고 이기는 지혜. ●수급자, 보호자, 요양보호사의 마음을 사로잡는 지혜. ●수급자, 보호자, 요양보호사의 마음을 다스리는 지혜. ●또 가르치는 지혜. ●방해하는 어두움을 분별하고 깨닫고 아는 지혜. ●또 물리치는 지혜. ●어둠의 그 계략과 계획, 수단 방법 다 묶고 결박하고 깨뜨리는 지혜.

●항상 악에게 양보치 않는 지혜. ●사람을 잘 관리하는 지혜. ●다스리는 지혜. ●섬기는 지혜. ●사람을 끌어당기는 지혜. ●복음을 전하는 지혜. ●복음 전할 기회를 아는 지혜. ●복음 전할 기회를 포착하는 지혜. ●요양 실수하지 않는 지혜. ●말 실수 않는 지혜. ●거짓말 않는 지혜. ●설득하는 지혜. ●양보하는 지혜. ●사람을 얻는 지혜. ●사람 속의 장점을 아는 지혜. ●사람을 활용하는 지혜. ●사람의 장점을 볼 수 있는

지혜. ●사람의 장점을 볼 수 있는 눈이 열리는 지혜. ●사람 통해 하나님 음성을 들을 수 있는 지혜. ●사람 통해 지혜를 얻을 수 있는 지혜. ●환경 통해 하나님 음성을 들을 수 있는 지혜. ●문제 통해 하나님 음성을 들을 수 있는 지혜. ●환경, 문제 통해 하나님 주시는 지혜를 깨닫고 아는 지혜. ●보는 지혜. ●듣는 지혜. ●지혜대로 행할 수 있는 지혜. ●지름길을 아는 지혜. ●지름길을 가는 지혜. ●취할 수 있는 지혜. ●성령의 다스림을 받는 지혜. ●모든 일에 성령 충만받는 지혜. ●말을 부드럽게 하는 지혜. ●말을 긍정적으로 표현하는 지혜. ●말을 긍정적으로 강하게 표현하는 지혜.

●말을 부드럽고 강하게 표현하는 지혜. ●긍정적이고 부드럽게 강한 메시지를 전하는 지혜. ●말로 긍정적이고 부드럽게 설득하는 지혜. ●변화시키는 지혜. ●말로 상대방을 편하게 해주는 지혜. ●말로 상대방을 감동시키는 지혜. ●말로 하나 되게 만드는 지혜. ●말로 시원케 하는 지혜. ●말로 상대방 마음을 녹이는 지혜. ●말을 항상 화평케 하는 지혜. ●항상 성령의 요구로 말하는 지혜. ●항상 사랑의 도구로 말하는 지혜. ●항상 믿음의 말을 하는 지혜. ●하나님 말씀을 잘 표현하는 지혜. ●하나님 말씀을 이해하는 지혜. ●하나님 말씀을 이해시키는 지혜. ●하나님 말씀을 깨닫는 지혜. ●또 깨닫게 하는 지혜. ●사랑으로 표현하는 지혜. ●사랑으로 말하는 지혜, ●사랑으로 섬기는 지혜. ●사랑으로 처리하는 지혜.

11장

문제 앞에 드리는 기도

"기브온 사람이 그에게 대답하되 사울과 그의 집과 우리 사이의 문제는 은금에 있지 아니하오며 이스라엘 가운데에서 사람을 죽이는 문제도 우리에게 있지 아니하니이다 하니라 왕이 이르되 너희가 말하는 대로 시행하리라"(삼하 21:4)

●영으로 육을 강력하게 제압하는 지혜. ●말씀으로 문제를 강력하게 제압하는 지혜. ●성령의 소욕으로 육의 소욕을 강력하게 제압하는 지혜. ●예수님의 통치로 마귀의 통치를 강력하게 제압하는 지혜. ●빛으로 어둠을, 마귀의 통치를 강력하게 제압하는 지혜. ●사랑으로 미움을, 실수를, 죄악을 강력하게 제압하는 지혜. ●사랑으로 허물을, 연약을, 아픔을 강력하게 제압하는 지혜. ●사랑으로 시기를, 질투를, 분쟁을 강력하게 제압하는 지혜. ●말씀으로 시험을 강력하게 제압하는 지혜. ●말씀으로 자신을 강력하게 제압하는 지혜. ●말씀으로 환경을 강력하게 제압하는 지혜. ●말씀으로 사건을 강력하게 제압하는 지혜.

길을 찾고 답을 찾기 위해 필요한 지혜

"십자가의 도가 멸망하는 자들에게는 미련한 것이요 구원을 받는 우리
에게는 하나님의 능력이라 기록된바 내가 지혜 있는 자들의 지혜를 멸
하고 총명한 자들의 총명을 폐하리라 하였으니 지혜 있는 자가 어디 있
느냐 선비가 어디 있느냐 이 세대에 변론가가 어디 있느냐 하나님께서
이 세상의 지혜를 미련하게 하신 것이 아니냐…"(고전 1:18-24)

물가에 어린아이를 내놓은 어머니의 눈이 아이에게서 한순간도 떠나지 않는
것 같이 하나님도 나를 불꽃같은 눈으로 보고 계시고 또 간섭하고 계신다. 이
간섭은 사랑이시다.
잘못 가면 위험하니 "안돼. 안돼. 안돼"라고 이야기하신다. 그래도 말 안 듣
고 고집부리면 넘어지고 빠지고 다친다. 잘 못 가기 때문에 회초리를 든다.
"이것을 잡아라. 잡아라. 잡아라"라고 명령할 때도 안 잡으면 넘어지고 빠지
고 실수하고 뺏기니 결국 사단의 덫에 넘어지고 사단의 유혹에 빠지고 하나
님의 뜻을 그르치는 실수를 하고 시간, 건강, 물질, 힘, 행복, 은혜, 믿음… 다
뺏기니 "약속을 붙잡아라. 약속을 붙잡아라. 예수님을 붙잡아라. 성령을 붙잡
아라. 지혜를 붙잡아라"라고 하신다.

불순종하면 간섭하심도 하나님의 크신 사랑이시다.
"나를 따라와라. 따라와라. 따라라" 함도 오직 이 길만이 나를 위한 길이요
생명의 길이요 축복의 길이기 때문에 나의 구원이 오직 예수님뿐이기 때문에
"다른 모든 것은 다 너를 해치고 뺏고 넘어지게 하고 병들게 하는 것이야. 오

직 나만이 너를 살리는 자야. 너를 도와주는 자야. 너를 붙들어 주는 자야"라고 오늘 이 순간도 말씀하신다.

오늘도 이 목자되신 주님의 음성을 듣기 위해 내 속에 있는 죄와 허물과 실수와 연약이 드러나고 처리되어야 한다. 오늘 말씀이 거울이 되어 나를 조명해 주시니 감사하다.

"죽고자 하는 자는 살고 살고자 하는 자는 죽는다"라고 했는데 나는 자주 내육이 이겼다. 내 육이 이기니 영이 병들었고 육이 강하니 영이 약해졌었다. 육을 택하니 영을 밀쳐버렸다. 육이 강하니 늘 말씀을 밀쳐버렸고 육이 강하니 성령을 밀쳐버렸고 육이 강하니 참 생명이신 예수님을 밀쳐버렸고, 육이 강하니 참 지혜를 밀쳐버렸고 육이 강하니 축복을 밀쳐버렸고 육이 강하니 응답을 밀쳐버렸다.
뿐만 아니라 내가 살기 위해 이웃을 죽였고 내 유익들을 위해 남을 죽였고 입장이 난처할 때 내가 죽지 않고 남을 죽였다. 십자가 앞에 "나의 욕심, 나의 자아, 내 정욕이 죽어야 하는데…"라고 변명하고 허물과 실수와 죄를 상대방에게 전가하고 탓하고 원망하고 또 미워했다.

빌라도가 민란이 날까 두려워서 예수님을 십자가에 못 박게 한 것처럼 나도 손해 볼까 두려워서, 떨어질까 두려워서, 죽을까 두려워서, 병날까 두려워서, 안 될까 두려워서, 망신당할까 두려워서, 자존심 상할까, 굶어 죽을까 두려워서, 뺏길까 두려워서, 무너질까 두려워서, 안 나올까 두려워서, 외면할까 두려워서 예수님을 십자가에 못 박게 하는 것을 택한 일이 한두 번인가?

영의 유익을 택하기보다 육을 택했다. 이것은 십자가의 원수일진데 십자가 앞에서 주님의 긍휼만 구해야 하는데 날마다 주님을 십자가에 못 박게 하는 일만하고 살았다.

"주님! 어찌 하오리까.
주님! 통회하는 심령을 더하소서. 이 죄를 용서하시고 주님의 보혈로 깨끗게 하사 내 속에 있는 빌라도 기질과 죄, 이 악한 것을 다 제하소서. 예수님의 성품으로 채워주소서.
주님! 남의 실수를 흉 보고 판단하고 정죄하고 욕하고 손가락질하고 발설한 그 죄가 나에게도 있습니다. 내가 그렇게 했습니다. 특히 부모의 실수를 용납하지 못했습니다. 영적인 부모의 실수를 용납하지 못하고 정죄하고 판단하고 허물을 들추어내고 흉보고 반복하여 발설한 죄, 하나님 말씀 앞에 끝없이 드러나는 나의 죄, 연약, 실수한 죄를 용서하소서.

나는 죄인 중의 죄인입니다.
아니 죄인 중에서 가장 중한 죄인입니다.
이런 나를 감당할 수 없으니 오직 십자가만 바라봅니다. 십자가만 의지합니다. 오직 십자가만 부여잡습니다. 오직 내가 구할 것도 주님의 긍휼과 십자가 보혈뿐입니다.
나를 용서하소서. 내게 필요한 것은 주님의 보혈입니다. 이 보혈을 간구합니다. 머리카락보다 더 많은 내 죄, 머리카락을 내가 셀 수 없듯이 나의 죄악은 더 셀 수가 없나이다. 그러나 하나님은 나의 머리카락도 다 세신다 하셨으니 나의 죄악까지도 다 세시고 계십니다. 나를 주님의 보혈에 잠겨 주소서. 주님의 보혈 흐르는데 믿고 뛰어 나아가 주님의 은혜 내가 입어 깨끗하기를 원합니다."

🎵 먹 보다도 더 검은(찬송가 423)

먹보다 더 검은 죄로 물든 이 마음
흰 눈보다 더 희게 깨끗하게 씻겼네.
주님의 보혈 흐르는데 믿고 뛰어 나아가
주님의 은혜 내가 입어 깨끗하게 되었네.
모든 의심 걱정도 두려움이 사라져 슬픈 탄식 변하여
기쁜 찬송되었네.
주님의 보혈 흐르는데 믿고 뛰어 나아가
주의 은혜 내가 입어 깨끗하게 되었네.
세상 부귀영화나 즐겨 하던 모든 것
주를 믿은 내게는 분토만도 못하다.

주님의 보혈 흐르는 데 믿고 뛰어 나아가
주님의 은혜 내가 입어 깨끗하게 되었네.
나의 모든 보배는 저 천국에 쌓였네.
나의 평생 자랑은 주의 십자가로다.
주님의 보혈 흐르는데 믿고 뛰어 나아가
주님의 은혜 내가 입어 깨끗하게 되었네.

♬ 샘물과 같은 보혈은(찬송가 258)

샘물과 같은 보혈의 주님의 피로다.

보혈에 죄를 씻으면 정하게 되겠네.

정하게 되겠네. 정하게 되겠네.

이 보혈에 죄를 씻으면 정하게 되겠네.

저 도적 회개하고서 보혈에 씻었네.

저 도적같은 이 몸도 죄 씻기 원하네.

죄 씻기 원하네. 죄 씻기 원하네.

저 도적같은 이 몸도 죄 씻기 원하네.

죄속함 받은 백성은 영생을 얻었네.

샘솟듯 하는 피 권세 한없이 있도다.

한없이 크도다. 한없이 크도다.

샘솟듯 하는 피 권세 한없이 있도다.

날 정케 하신 피보다 그 사랑 한없네.

살 동안 받는 사랑을 늘 찬송하겠네.

이후에 천국 올라가 더 좋은 노래로

날 구속하신 은혜를 늘 찬송하겠네.

늘 찬송하겠네. 늘 찬송하겠네.

날 구속하신 은혜를 늘 찬송하겠네.

주님이 나의 죄를 용서하고 항상 너그러운 마음으로 나를 품은 것 같이 나에게도 기질, 성품, 죄 다 제거하시고, 예수님의 사랑의 마음으로 채우소서. 사랑은 허다한 허물을 덮는다고 했으니 주님의 사랑이 나를 강하게 정복하소서.

"피아노를 공부하고 싶었지만 앞이 보이지 않아 망설이던 시각장애인 피아니스트는 장애가 어려움을 줄 순 있지만 모든 걸 불가능하게 하진 않습니다"라는 말에 도전을 받아 난생 처음으로 점자 악보를 접했다. 한 손으로 악보를 읽고 한 손으로 건반을 치며 곡을 익혔다. 늘 남보다 연습시간이 훨씬 오래 걸렸다. 연습실에서 밤을 새는 날이 많았고 악보를 만져서 외우는 탓에 손은 자주 피투성이가 되었다.

갖은 고난의 노력으로 양손으로 피아노를 연주할 수 있게 됐고 수석으로 음대를 졸업했다.

이 피아니스트는 인터뷰에서 "저는 지고 싶지 않았습니다. 보이지 않아도 똑같은 승부로 이기고 싶었습니다. 장애가 어려움을 줄 순 있지만 모든 걸 불가능하게 하진 않았습니다"라고 말했습니다. 더군다나 그리스도인에게 불가능이란 없습니다.

"내게 능력주시는 자 안에서 내가 모든 것을 할 수 있느니라"(빌 4:13).

'사람이나 환경을 탓하며 스스로 제한하지 말라.
된다! 된다! 나는 된다!
이 구호로 부정적인 마음을 쫓아내고 용기를 얻자.'

"일을 행하시는 여호와, 그것을 만들며 성취하시는 여호와, 그의 이름을 여호와라 하는 이가 이와같이 이르시도다 너는 내게 부르짖으라 내가 네게 응답하겠고 네가 알지 못하는 크고 은밀한 일을 네게 보이리라"(렘 33:2-3)

하나님께서는 오늘도 "덕자야, 너 시선을 어디에 두고 있느냐?"라고 물으신다.

내가 바라바 같다.

바라바가 산 것은 예수님이 대신 죽어주셨기 때문이다.

바라바가 죽어야 하는데 예수님이 대신 죽어주셨으니 바라바가 산 것이다.

바라바는 흉악범이었다.

바라바가 산 것은 예수님이 대신 죽어주셨기 때문이다.

●나도 육체가 원하는 대로 마음이 원하는 대로 사는 진노의 아들인데 허물과 죄로 죽은 나를 그리스도 예수로 살리셨으니 감사. ●내가 날마다 하나님을 대적하고 하나님을 거역하고 하나님께 반역하고 살았지만 하나님은 나를 이처럼 사랑하사 오래 참으셨으니 너무너무 감사. ●날마다 마귀를 사랑하고 마귀 말 듣고 마귀 따라가고 마귀가 시키는 대로 하고 마귀 음성 듣고 마귀를 택했지만 주님은 나를 시기치 않으셨고 불쌍히 여기셨으니 감사. ●나는 날마다 죄 아래서 심판을 받아야 마땅하지만 이런 나에게 온유하셨으니 감사. ●이런 나

에게 성내지 않으셨으니 감사. ●또 자기 유익을 구치 않으셨고 나의 유익을 위해 자기를 희생했으니 너무너무 감사. ●나를 구원하는 진리와 함께 기뻐하셨고 모든 것을 참아주셨고 또 모든 것을 믿어주셨고 또 모든 것을 바라봤으며 모든 것을 견뎌주셨으니 너무너무 감사. ●이 사랑은 언제까지나 떨어지지 아니하시니 감사. ●고린도전서 13장 사랑의 말씀이 먼저 예수님이 나를 그렇게 사랑하셨음을 보여주시니 감사.

●그 사랑 받았으니 나도 그 사랑 실천할 수 있게 성령 충만 부어주시니 감사. ●죄는 용서받았지만 이런 죄로 인해 예수님 안에 거하는 삶과 하나님의 은혜를 그 만큼 잊어버리게 되었음을 깨달으니 감사. ●그래도 더 이런 죄 때문에 은혜에서 떨어지지 않게 날마다 회개의 영을 부어주셔서 나의 허물과 죄악과 연약과 실수를 깨달아 알게 하심을 감사. ●성경 말씀이 나의 죄를 고발하게 하고 거울이 되어 낱낱이 드러나니 감사. ●신앙생활과 복음은 이용하는 것이 아니라고 했는데 이것은 우상이요 우상 숭배라고 했는데 나는 내가 원하는 것을 얻기 위해 신앙생활을 했음이 우상이었음을 회개케 하시니 감사.

유대인이 자기들의 소원을 들을 줄 알았는데 죄를 지적하니 예수님을 핍박, 조롱, 멸시, 천대, 십자가에서 죽였다. 나의 소원이 예수님 때문에 편하게만 사는 것이 아니고 내가 없고 주님이 원하시면 기꺼이 갈 수 있어야 하는데 나는 늘 내 마음이 원하는 대로 고통을 싫어하고 편한 쪽만 택하고 구했다. 주님이 우리에게 생명 주신 이유를 알지 못하기 때문에 마귀가 편하게 사는 것으로 유혹하고 영을 병들게 했다.

포도원 주인이신 하나님이 나같은 이에게 포도원을 맡긴 그 큰 은혜를 잊어버리니 게으르고 악하고 욕심부려 자기 것으로 삼기 위해 포도원 주인이 종들을 보내니 능욕하고 때려죽였구나. 마지막 아들까지 보내니 상속자가 오니 죽여야 자기 것이 되니 그 아들까지도 죽여버렸다.

이 포도원 지기가 바로 나였다. 오늘까지 내 생명도 하나님의 것인데 맡기셨고 가족, 형제 또 영혼들을 맡긴 포도원인데 주인의 은혜를 잊어버릴 때마다 주인은 안 보이고 온통 내 것이라는 욕심 아래 게으르고 남용하고 악하고 온갖 죄를 지었다.

죄에 눈이 가려 욕심에 눈이 가려 말씀으로 다가오시는 주님의 음성도 듣지 못하고 오히려 주의 종들 죽이는 역할을 했다. 말로 때리고 말로 죽이고 예수님까지도 날마다 "십자가 못 박으소서, 못 박으소서"라고 소리쳤다.

내 인생은 내 것이 아니요 하나님의 것이다. 하나님이 나를 창조한 목적은 하나님을 영화롭게 하는 것인데 나의 인생을 내가 사는 것은 창조 목적 위반 즉 죄라고 했다. 자기 생각이 맞지 않다고 유대인이 예수님을 십자가에 못 박아 죽였다.

그 죄가 나의 죄이다. 나는 하나님을 대적했으나 하나님은 나를 은혜 위에 은혜로 덮으시고 구원하셨다. 이 구원은 원래대로 돌아가는 것이라고 했다. 창조의 목적대로 돌아가는 것이라고 했다.

창조의 목적은 예수님을 위해서라고 했다.

나의 존재 목적은 예수님을 위하여 존재하고 나를 위해 사는 것이 아니다. 예수님을 위하여 사는 것이 목적이요 이것을 의요 옳다고 하셨다. 죄는 창조 목적을 벗어나는 것이 죄라고 했다. 이 죄가 목적을 즉 창조의 목적을 변질시킨다. 나는 원래 진노의 아들, 원수의 아들로 마땅히 죽어야 하는데 살아났다(골 1:6)

12장

허물과 죄로 죽은 자를 살리심

"그는 허물과 죄로 죽었던 너희를 살리셨도다"(엡 2:1)

● 육체는 마음이 원하는 대로 사는 진노의 아들인데 이런 허물과 죄로 죽은 나를 그리스도 예수로 살리셨으니 감사. ● 죗값을 치르시고 나를 살리셨으니 감사. ● 그 크신 사랑으로 나를 구원하시고 살리셨으니 감사. ● 그 크신 사랑은 전적으로 하나님의 은혜이니 감사. ● 자격도 없고 대가를 지불 안 함으로 나의 연약을 아시고 은혜로 물이 바다를 덮음같이 덮으시고 나의 죄, 허물을 기억하지도 않으시고 도말하셨으니 감사. ● 깊은 바다에 맷돌을 던짐같이 나의 죄를 다시는 돌아오지 못하게 도말하셨고 동이 서에서 먼 것같이 기억하지도 않으시고 사랑 위에 은혜를 덮으셨으니 감사. ● 또 여기에다 변함없는 빛을 비추사 변하지 않게 하시니 감사. ● 이 큰 은혜를 세세토록 찬양하는 것이 나를 지으신 목적이라고 하시니 감사.

"이 큰 은혜를 욕심 때문에 죄 때문에 순간순간 잊어버렸는데 이제 이 큰 은혜에 감사와 감격이 넘치도록 늘 주님의 보혈로 덮고 성령의 불과 빛으로 덮으소서.

이 은혜 가운데 거하면 주고도 섬기고도 뺏기고도 기쁨이 넘친다고 하니 예수님 안에 거하는 삶이 되게 하소서.

주 안에 사는 삶이 되게 하소서.

이때까지 욕심 때문에 원망, 불평 가득한 것 용서하시고 광야에서 날마다 기적을 보고 누리며 살면서도 없는 것만 보고 탓하고 원망, 불평한 이스라엘 백성의 죄가 내 죄이나 용서하시니 감사합니다."

"이에 예수께서 제자들과 함께 겟세마네라 하는 곳에 이르러 제자들에게 이르시되 내가 저기 가서 기도할 동안에 너희는 여기 앉아 있으라 하시고… 일어나라 함께 가자 보라 나를 파는 자가 가까이 왔느니라"(겟세마네 기도 / 마 26:36-46)

"이것을 너희에게 이르는 것은 너희로 내 안에서 평안을 누리게 하려 함이라 세상에서는 너희가 환난을 당하나 담대하라 내가 세상을 이기었노라"(예수님의 기도 / 요 16:33)

우리의 무기는 오직 예수님. 오직 말씀.
칼을 무기로 삼는 자는 칼로 망한다.
돈을 무기로 삼는 자는 돈으로 망한다.

(가룟 유다, 아나니아와 삽비라).

빽과 권력을 무기로 삼는 자는 그것 때문에 망한다.

자녀를 남편을 부모를 형제를 이웃을 친척을 친구를 직장을 사람을 무기를 삼으면 사람 때문에 망한다.

겟세마네 동산에서 제자들을 데리고 가서 예수님께서 기도할 때 "내가 매우 고민하여 죽게 되었으니 너희는 여기 머물러 나와 함께 깨어있으라. 나와 함께 한 시간도 이렇게 깨어있을 수 없더냐. 시험에 들지않게 깨어 기도하라. 마음에는 원이로되 육신이 약하도다"라며 예수님은 십자가를 감당하기 위해 심히 고민하여 죽게 되었으니 "너희도 여기 머물러 나와 함께 깨어 있으라. 그렇지 않으면 시험 든다"라고 했다(요 18:25-27).

제자들이 깨어있지 않아 시험 들었다. 베드로는 예수님을 세 번 부인하고 가룟 유다는 예수님을 팔게 되고 다른 제자들도 시험들어 뿔뿔이 흩어졌다. 시험이 들면 기쁨이 없다. 염려, 근심, 두려움, 절망, 낙심, 실망 등이 찾아온다. 예수님은 안 보이고 다른 것만 보인다.

자기를 부인해야 하는데 기도치 않으니 예수님을 부인하고 예수님을 파는 일이 일어난다. 자기를 부인해야 예수님을 따라 갈 수 있다.

겟세마네 예수님의 기도를 생각하며 마치 자녀들만 제자들만 남겨두고 다시는 돌아오지 못하는 곳으로 떠날 때 그 부모의 간절함은 애쓰고 젖먹은 힘까지 다해 구슬같은 땀이 뚝뚝 뚝 떨어질뿐 아니라 그 간절함은 온 실핏줄이 터져 땀 방울이 핏 방울이 되어 온 몸을 적신다(요 17:1).

어린 자녀를, 어린 동생들을, 어린 제자들을 두고 가는 부모의 심정, 아비의 애절하고 간절한 심정의 기도, 땀방울이 핏방울이 되는 기도, 마귀가 우는 사자같이 삼키려고 도사리고 있는 세상에 남겨두고 가는 예수님의 애절하고 간절한 기도, 마귀때문에 죄를 이길 수 없고 세상을 이길 수 없고 질병을 이길 수 없고 가난을, 시험을 그 어떤 것도 이길 수 없고 해결할 수 없는 연약함을 보며 그토록 간절하게 아버지 하나님께 기도하셨다.

이런 나의 죄악과 허물과 실수, 이로 인한 온갖 저주를 담당하고 마귀의 권세 완전 깨트려야만 하는 그 참혹하고 잔인하고 비참한 십자가를 감당하기 위한 그 간절한 기도, 사람으로서는 감당할 수 없고 질 수 없는 그 십자가를 감당하기 원하는 기도.

예수님도 기름짜는 겟세마네 기도로 십자가를 감당하셨기에 나를 구원하고 온 인류를 구원하는 길을 열어 하나님의 크신 영광을 나타내셨는데 나에게 주신 내 몫의 십자가 감당하기 위해 날마다 예수님의 십자가 앞에 나와 간절히 기도하여 성령 충만 받아야만 내게 주신 사명 감당하고 승리하여 하나님께 영광 돌릴 수 있다.

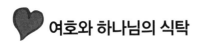 여호와 하나님의 식탁

"그러나 너희는 말하기를 여호와의 식탁은 더러워졌고 그 위에 있는 과
일 곧 먹을 것은 경멸히 여길 것이라 하여 내 이름을 더럽히는도다"(말
1:12)

예배는 하나님 앞에 차려놓은 밥상과 같다.

하나님 앞에 마음의 중심은, 주님을 사모하고 사랑하는 마음으로 정성을 드
리고 시간을 드리고 감사를 드리고 특히 주님의 대속의 은혜에 감사 감격으
로 예수님의 피에 젖어 나를 올려 드릴 때 예수님의 피에 젖은 생명의 찬양, 생
명의 기도, 생명의 말씀, 생명의 교제를 다 받으시고, 하나님은 우리에게 복을,
선물을 잔뜩 준비하셨다가 주신다.

우리는 "주면 하겠다"라고 하지만, 하나님은 항상 "이렇게 하면 이렇게 해줄
것이다"라고 하신다. 우리가 먼저 신령과 진정으로 하나님 앞에 드리면 하나
님께서 예배를 통해 예비하신 복을 말씀을 통해 약속하시고 주신다.

이런 정성으로 나아오는 우리에게 예배를 통한 하나님의 베푸신 식탁을 가장
좋은 것으로 가장 귀한 것으로 풍성한 식탁을 베푸신다. 그런데 하나님 앞에
드리는 희생 제사에 죄를 가지고 나오니, 자국마다 더러운 것만 묻히고 나오
니 욕심을 가지고 나오니, 악을 가지고 나오니 "이제 그만 나오라. 내 마당만

더럽히고 밟을 뿐이다"라고 하신다.

예배 때 들려주는 하나님 말씀을 생명으로 하나님의 음성으로 영의 양식으로 받지 못하고 설교가 좋으니 나쁘니, 은혜가 안 된다고 설교하는 목사님을 판단 정죄하여 여호와의 식탁은 더러워졌고 그 위에 있는 과일 곧 먹을 것을 경멸히 여기며 하나님 이름을 더럽혔다고 하셨다.

> "만군의 여호와가 이르노라 너희가 또 말하기를 이 일이 얼마나 번거로운고 하며 코웃음치고 훔친 물건과 저는 것, 병든 것을 가져왔느니라 너희가 이같이 봉헌물을 가져오니 내가 그것을 너희 손에서 받겠느냐 이는 여호와의 말이니라"(말 1:13)

●이 명령을 내린 것은 하나님의 언약이 항상 있게 하려함이니 감사. ●하나님의 언약은 생명과 평강이니 감사. ●이것을 준 것은 경외하게 하려함이니 감사. ●하나님을 경외하고 하나님의 이름을 두려워하며 그의 입에는 진리의 법이 있고 그의 입술에는 불의함이 없고 화평함과 정직함으로 주님과 동행하며 많은 사람을 돌이켜 죄악에서 떠나게 하기 위함이니 감사. ●제사장의 입술은 지식을 지켜야 하겠고 사람들은 그의 입에서 율법을 구하게 되어야 할 것이니 제사장은 하나님의 사자이시니 백성들은 설교에 은혜 받기를 원하고 사모하는 마음을 주님이 주셨으니 감사.

"아담에게 이르시되 네가 네 아내의 말을 듣고 내가 네게 먹지 말라 한 나무의 열매를 먹었은즉 땅은 너로 말미암아 저주를 받고 너는 네 평생에 수고하여야 그 소산을 먹으리라 땅이 네게 가시덤불과 엉겅퀴를 낼 것이라 네가 먹을 것은 밭의 채소인즉 네가 흙으로 돌아갈 때까지 얼굴에 땀을 흘려야 먹을 것을 먹으리니 네가 그것에서 취함을 입었음이라 너는 흙이니 흙으로 돌아갈 것이니라 하시니라"(창 3:17-19)

●사람의 말을 듣고 하나님 말씀을 범한 것 용서해 주시니 감사. ●이때까지 내가 연약하여 말씀에 서있지 못해 말씀과 기도로 깨어있지 못해 늘 유혹을 받아 하나님 말씀을 범한 죄 용서해 주시니 감사. ●주님이 세운 자를 대적한 것 용서해 주시니 감사. ●자녀들에게 또 내게 부쳐준 영혼들에게 바르게 가르치지 못하고 본을 보이지 못하여 저들도 주일을 범하고 십일조를 범하고 주님이 세운 자들을 대적하게 한 죄를 용서해 주시니 감사. ●이로 인해 하나님의 복이 멀리 있었고 복을 누리지 못한 죄 용서해 주시니 감사. ●하나님이 주신 복을 마귀에게 다 뺏기고, 고통 가운데 있는 것을 용서해 주시니 감사. ●누구의 말씀을 듣느냐에 따라 축복과 저주가 달려있으니 감사. ●이제는 하나님 말씀만 듣는 자 되게 하시니 감사. ●하나님 말씀 불순종으로 땅에 저주가 임했고 그 열매로 땅이 나에게 가시덤불과 엉겅퀴를 내었음을 보게 되니 감사.

●이 때문에 얼굴에 땀을 흘려야 먹을 것을 먹으리라 하셨

으니 감사. ●하나님 말씀을 불순종하는 동시에 죄의 가시덤불이 엉겅퀴가 내 심령에서부터 찌르고 찌르고 엉키고 엉키는 역사를 보게 되었고 부부가 이 가시로 말미암아 서로 찌르고 나쁜 쪽으로 계속 엉킴을 보았고 깨닫게 하셨음을 감사. ●자녀가, 가정이 목회하는 일이 이런 고통 가운데 날마다 땀을 흘리며 기도하게 하신 하나님께 감사. ●심령에 은혜의 단비를 먹어, 그때그때마다 이기게 하셨고, 감당하게 하셨으니 감사. ●날마다 수고로 얼굴에 땀을 흘리며 하나님을 가까이하고 말씀과 기도로 깨어 있게 하시고 또 날마다 하나님의 약속 부여잡고 얼굴에 땀을 흘리며 부르짖게 하셨으니 너무너무 감사. ●가시덤불은 차츰 거둬졌고 엉겅퀴도 거둬졌고 시간이 갈수록 성령의 불로 다 태워주신 하나님 은혜 감사. ●날마다 하나님이 예비하신 영혼에 만나를 먹기 위해서 기도로 얼굴에 땀을 흘리며 성령의 충만을 받으니 "하나님의 말씀이 꿀송이보다 더 다니 행복이로구나" 하고 꽃노래가 절로 나오니 감사.

나는 육을 가진 흙이니 흙으로 돌아갈 때까지 얼굴에 땀을 흘려야 먹을 것을 먹으리라 하시니 육이 존재하는 이상 영이 살기 위해 영이 육을 이기기 위해 날마다 얼굴에 땀이 나도록 기도해야만 하루하루를 또 세상을 이기고 죄를 이기고 유혹을 이기고 사람의 소리를 이길 수 있다.

"주님, 주님 부르시는 그날까지
찬양의 절정에 달하게 하시고

말씀의 은혜의 절정에 달하게 하시고

기도의 절정에 달하게 하소서.

날마다 갑절의 은혜를 주사 날마다 승리케 하소서.

밭에서도 한순간도 땀 흘려 가꾸지 않으면

가시덤불, 엉겅퀴가 무성하게 올라오듯

내 심령도 한순간도 땀 흘려 가꾸지 않으면

가시덤불, 엉겅퀴가 무성하게 올라오니 방심하지 않게 하소서.

가시덤불과 엉겅퀴는 죄 때문에 더해진 산물이니

말씀과 기도로 깨어 죄에 넘어지지 않게 하시니 감사하며

가시덤불과 엉겅퀴는 더 죄짓게 찌르고 괴롭히는 일만 하니

심령을 날마다 옥토 밭으로 가꾸게 하소서."

●하나님이 주신 것을 감추어 잘 관리 못하고 자랑하고 말해 늘 다 뺏긴 죄를 용서해 주시니 감사. ●사람들의 간증에, 영적인 자랑에, 듣는 바에 지나치게 생각하여 그것이 우상이 된 죄를 용서해 주시니 감사. ●또 내가 한 말에 다른 사람이 지나치게 생각한 죄도 용서하시니 감사. ●이제 예수님 때문에 말을 절제하는 자, 또 사람의 말에 지나치게 생각하지 않도록 나의 말에 어떤 자도 지나치게 생각하지 않도록 도와주시니 감사. ●이때까지 주의 일이라고 하면서 예수님 자랑, 성령이 하신 일을 자랑하면서 내가 많이 묻어 나간 것을 용서해 주시니 감사.

●이 말씀으로 맡겨준 영혼 사랑하는 방법을 깨닫게 하시고 가르쳐 주시니 감사. ●이때까지 부쳐준 영혼, 보내준 영혼들에게 폐를 끼친 것 용서해 주시니 감사. ●현실이 많이 힘들 땐 영혼 사랑과 영혼 성장보다 제물을 바라고 기다린 것 용서하시니 감사. ●사도 바울처럼 맡겨준 양, 영혼들에게 폐를 끼치지 않게 도와주시니 감사. ●이런 모든 것을 용서해 주시니 감사. ●이것이 십자가의 정신이요 아버지의 마음이요 사랑이니 감사.

 ## 내 죗값을 치르기 위해

내 죄 때문에 죽는 어린 양의 죽음의 과정을 내가 친히 목격한다면 나는 어떤 마음일까?

얼마나 마음이 찡하며 아플까?

"어휴! 다행이다. 하마터면 내가 죽을 뻔했다"라고 웃겠는가? 좋아하겠는가?

율법을 행할 힘은 하나도 없고 율법은 나의 죄를 계속 고발하고 찌르고 있으니 이 율법이 나를 찌르고 찔러 상하고 터지고 엉키게 만드니 이 사망의 몸에서 나를 건지기 위해 의인이신 예수님이 율법의 요구를 담당하셨으니 감사하자.

이 율법 앞에 이 죄 앞에 양이 친히 나의 죄를 담당하고 몸이 갈기갈기 각이 뜨이고 피를 흘려 그 피를 다 받아 지성소에 들어가 나의 죄를 속함같이 내가 보는 앞에서 흠없는 양이 죽임을 당하고 머리, 손, 발, 내장 등으로 각을 뜨는 것을, 죽음으로 흘리는 피를, 내 죄를 속하기 위해 한 방울도 버리지 않고 다 받아 내는 것을 지금 내가 눈으로 보고 이 광경을 지켜본다고 할 때 내 마음은 어떠할까?

'저 양이 내 모습인데 내가 저렇게 처절하게 죗값 때문에 죽어야 하는데 피를 흘려야 하는데…' 하는 마음으로 머리가 짤리고, 팔, 다리가 짤리고 속에 있는 것까지 다 드러내고 피와 물이 다 흘러야만 하는 광경….

해마다 양을 준비하고 내 죄를 대신하지만 온전하지 않다. 어린 양 되신 예수께서, 흠없는 예수께서 친히 어린 양이 되셔서 내 죗값을 치르는 제물이 되기 위해 율법의 저주를 감당키 위해 가시 면류관을 써서 상하고 찢겼다. 죄 때문에 상하고 찢기는 가시덤불, 엉겅퀴를 십자가에서 감당하셨다.

양손에 못이 박히고 양발에 못이 박히고 옆구리에 창이 찔리고 모진 채찍에 온갖 살이 다 터지고 피멍이 들고 뼈가 떨리는 그 험한 십자가. 온갖 죄 때문에 온갖 멸시, 천대, 모욕을 받으며 정신적으로 피로 얼룩지고 육체로도 피로 얼룩지고 영까지도 피로 얼룩져 마지막 피 한 방울까지도 다 흘러야만 저주를 속량할 수 있으니 마지막 피 한 방울까지 없어지기까지 그 고통을 참고 기다려야만 구속이 이뤄지니… 십자가에서 그 참으심은 1분이 천년 같고 온몸이 감당하기엔 고통의 절정에 달하며 마지막까지 참으시고 이루신 그 사랑….

"사랑은 오래 참고 사랑은 온유하며 시기하지 아니하며 사랑은 자랑하지 아니하며 교만하지 아니하며"(고전13:4)

못 박는 자를 "두고 보자"라고 하지 않고 또 "네 죄 때문이야"라고 이를 갈며 "너 때문이야"라고 하지 않고 "빨리 죽었으면 좋겠다"라고 하지 않고 "아버지여, 견딜 수가 없으니 그만, 그만요"라고 하지 않고 "아버지! 여기서 좀 거둬주세요"라고 하지 않고 이 십자가 뒤에 부활의 영광이 있기 때문에, 이 십자가 뒤에 죄 문제가 해결되니 이 십자가 뒤 엉겅퀴와 가시 즉 분쟁, 전쟁, 고통이 없기 때문에 십자가 뒤에 새생명을 탄생시키니….

이 십자가 뒤에 아버지의 뜻이 이뤄짐을 보고 예수님은 모진 십자가 험한 십자가 개의치 않으셨다. 십자가의 어둠의 터널을 벗어나면 새로운 세계인 천국이 열렸으니 내가 감당치 못한다면, 실패하면, 내 유익을 구한다면 저를 살릴 수 없기 때문에 사랑은 자기 유익을 구치 아니하며 사랑은 성내지 아니하며 사랑은 자랑하지 아니한다.

사랑의 절정은 자랑이 없다. 사랑 그 자체이기 때문이다. 내 생명과 너의 생명은 하나이기 때문이다.

성부 하나님은 이 은혜의 길을 열어 놓으시고 성자 하나님은 그 길을 친히 담당하시고, 성령 하나님은 오늘도 이 은혜, 이 길, 이 사랑을 깨닫게 하시고 인도하신다. 성부 성자 성령의 하나님이 하나 됨같이 예수님이 십자가 지기 전 기도하실 때 "아버지여, 우리가 하나 됨같이 저들도 하나 되게 하시고…"

주님은 "부부가 하나 되기를, 가정이 하나 되기를, 성도가 하나되기를…"이라고 유언적으로 기도하신 것과도 같다.

하나는 갈라질 수 없다.

하나는 떨어질 수 없다.

하나는 버릴 수 없다.

우리는 그리스도의 몸이다. 발톱에 무좀이 생겨 발톱이 죽었다고 발가락을 뽑거나 짤라버릴 수 없는 것처럼 지체는 몸이다. 손이 병들었다고 짤라 버리지 않듯 영적으로 병들었다고 영적으로 죽었다고 내쫓고 버리고 무시하고 멸시하고 천대하는 것이 내가 발톱이 아프고 무좀 때문에 가려우면 온 신경이 거기에만 쓰이듯 고치기를 낫기를 바라고 치료하듯 우리 모두는 한 지체다.

성령 안에서만 하나 될 수 있다.

'부부가, 가정이, 교회가, 한국의 모든 주의 종들이,

하나님의 백성들이, 성령으로 하나 되게 하소서.

같이 일으켜 세우고 고쳐서 건강하게 하소서.

멸시, 천대, 핍박, 분쟁은 몸이신 예수님을

멸시, 천대, 핍박하는 것이기에 결국 예수님을

아프게 함이요,

또다시 두 번 다시 기억하기 힘든 험한 십자가에 못 박는 짓이니

주여, 그 흘리신 피로 우리를 덮으시고

승리를 주신 부활의 영으로 덮으사

주와 하나가 되고 온 교회, 온 성도가 하나가 되어

주의 뜻을 이루소서.'

양이 죽어 피 한 방울도 땅에 흘리지 않고 다 받아 하나님 앞에 가져가는 것처럼 이것이 예수님의 십자가 틀이다. 제물없는 제사는 하나님이 안 받으신

다. 우리의 희생 제물은 오직 예수 그리스도의 피이다. 이 피를 가지고 하나님 앞에 나아가야 하나님이 기뻐 받으신다. 예수 피, 예수 피, 예수 피, 그 은혜 한이 없도다.

누구에게 쓰임 받느냐?

먼지가 잔뜩 묻은 바이올린이 경매에 올라왔다.

누군가가 3달러에 사겠다고 했다.

그러자 한 노인이 손을 들었다.

"내가 그 바이올린을 한 번 연주해 봐도 되겠습니까?"

그 노인은 바이올린의 먼지를 닦고 줄을 튜닝한 후 멘젤스존의 바이올린 협주곡을 멋지게 연주했다.

많은 사람이 감동을 받았고 그 중 한 사람이 소리쳤다.

"내가 3000달러에 사겠소."

결국 바이올린은 3000달러에 팔렸다.

누구에게 쓰임 받는 지가 중요함을 깨달으니 감사. 그 물건을 사용할 수 있는 전문가에게, 그 물건을 마음껏 다룰 수 있는 전문가에게 붙잡히면 그 물건이 만들어진 목적대로 마음껏 쓰임 받으면서도 많은 사람들에게 유익을 주고 기쁨을 주고 그 물건을 만든 자, 다루는 자, 사용하는 자 또 그 물건의 열매를 통해 많은 영향을 끼치고 보람을 느끼지만 만일 그 귀한 바이올린을 귀한 줄도 모르고 사용할 줄도 모르고 활용한 줄도 모른다면 짐만 되어 먼지만 뿌옇게 앉아 자리만 차지하고 있을 것이다.

나도 하나님의 목적과 계획대로 창조되었는데 하나님 손에 붙잡혀야 하나님께서 나를 통해 전문적으로 사용하고 하나님께는 영광이고 많은 사람들에게 생명의 빛을 비추는 귀한 자가 된다. 값지게 된다.

이때까지 하나님께 붙잡히지 못해 내 인생을 녹슬게 하고 먼지만 뿌옇게 앉게 하고 고물, 폐품처럼 살아왔다. 이때는 아무도 알아주지 않고 아무도 귀하게 여겨주지 않고, 무시하고, 박대하고, 가정에서도 부모 형제에게도 친구들에게도 이웃에게도 짐처럼 느껴졌는데 이때는 외롭고 낙심하고 부정적이고 비관적이었는데 요즘은 날마다 말씀과 기도로 깨어 성령께 붙잡힘 받으니 기쁨과 감사가 넘친다.

매일 낮 3시 기도회를 인도하도록 나를 붙들어 사용해 주시니 너무너무 감사하다. 이제 남은 생은 날마다 진리의 영이신 성령께 붙들림 받아 쓰임 받기를 원한다. 이 땅에서 제일 큰 복은 하나님께 붙들린 자, 하나님께 쓰임 받는 자가 되는 것이다.

"주여, 예수님처럼 고운 모양도 없고 풍채도 없지만 성령에 붙잡혀 살아갈래요."

내 인생 존재 목적은 하나님께 붙들림 받아 쓰임 받는 것이다. 하나님 손에 붙들림 받을 때 존귀함이 있고 값지다. 그렇지 않는 모든 인생은 고물과 같다. 폐품과 같다.

'주님이 주신 귀한 인생 오직 주께 붙잡히게 하소서.
이럴 때를 위해 성령의 큰 불을 주소서.
주님의 보혈로 덮으소서.

오직 예수님의 마음과 사랑과 정신으로 채우소서.'

바이올린이 전문가의 손에 올려지니 유명한 곡을 연주함으로 많은 사람을 감동시키고 바이올린 값어치가 하늘로 치솟는 것같이 나는 하나님이 사용하는 그릇, 기구, 악기다. 나는 하나님의 목적대로 만드신 하나님의 손에 올려질 때만 값어치가 있고, 행복이 있고 나를 창조하신 목적대로 쓰임 받는다. 이 주인을 만나지 못하면 나는 인생 쓰레기, 폐품이다.

'주님, 나는 날마다 주님 손에 올려지고
잡히기를 원하나이다.
주님, 오늘도 나를 잡아주시고 사용하소서.
그리고 주님 향기 나타나게 하시고 주님의 뜻 이루소서.
하나님은 사람을 통해 일하시니 나를 달란트대로,
재능대로, 잘 활용하는 일거리를 만나게 하소서.
나를 이렇게 리드할 수 있는 자를 만나게 하소서.
이런 축복된 만남을 주소서.'

"무익하나마 내가 부득불 자랑하노니"(고후 12:1)

바울의 겸손으로 깊은 영성을 배우고 싶다.

바울은 "신령하고 깊은 비밀을 체험하고도 무익하나마 내가 부득불 자랑하노라 했다"라고 했다. 내 수준은 영적인 은혜를 체험하면 자랑하고파 못 견딘다.

"사랑은 오래 참고 온유하며"라고 했다.

귀한 것일수록 주님이 주신 것일수록 깊이 담아 간직해야 하는데 자랑해서 까발리니 도둑이 도사리고 다 빼앗아 간다. 내 영혼을 사랑하는 것은, 자랑하고파 입이 근질근질해도 참고참고 오래 참는 것, 온유함이 내 영혼을 지키고 하나님이 주신 선물을 지키는 것이다.

사도 바울은 주님의 신령한 은혜를 체험하고서도 다른 영혼 유익을 위해 조심스럽게 말했다. 혹시나 자랑이 될까 봐, 혹시나 자기가 말하는 것을 듣고 지나치게 생각할까 봐 조심하고 두려워하고 절제했다.

사도 바울도 여러 계시를 받은 것이 지극히 크므로 너무 자만하지 않게 하시려고 육체에 가시를 주셨다. 이는 자기를 쳐서 너무 자만하지 않게 하려 하심이다(고후 12:6). 이것이 떠나가기를 세 번 주님께 간구하였더니 이르기를 "**내 은혜가 네게서 족하도다. 이는 내 능력이 약한데서 온전하여 짐이다**"라고 하셨다. 그러므로 도리어 크게 기뻐함으로 여러 약한 것들에 대하여 자랑한다고 했다. 이는 그리스도의 능력이 약할 그때에 강하기 때문이다(고후 12:7-10).

"보라 내가 이제 세 번째 너희에게 가기를 준비하였으나 너희에게 폐를 끼치지 아니하리라 내가 구하는 것은 너희의 재물이 아니요 오직 너희니라 어린 아이가 부모를 위하여 재물을 저축하는 것이 아니요 부모가 어린 아이를 위하여 하느니라 내가 너희 영혼을 위하여 크게 기뻐하므로 재물을 사용하고 또 내 자신까지도 내어 주리니 너희를 더욱 사랑할수록 나는 사랑을 덜 받겠느냐"(고후 12:14)

개척 후 오늘까지 뒤돌아 볼 때 한 명, 두 명 보내주는 영혼들 너무 귀해서 밤이고, 낮이고 넘어질 새라, 병들 새라, 기도하고 염려하며 심방하며 섬겼다. 우리 자녀들은 과자를 못 사줘도 심방가면서 과자를 사가고, 빵을 사가고…. 아낌없이 인색함 없이 사랑함으로 기뻐함으로 섬겼건만 사모의 부족과 허물을 탓하며 떠났다. 사단의 유혹 때문에 큰 교회 성도들의 꾀임에 떠나가면서 갈 때는 '사모 때문'이라고 했다.

그럴 때마다 심장을 도려내듯 아팠고 내가 낳은 자식이 나를 배반하듯 아픔이 컸다.

목회 18년을 뒤돌아보며 이런 아픔들이 많았다. 다 지나간 일이지만 오늘 새벽 말씀을 통해 다시 한번 큰 은혜를 받았다.

"그러므로 내가 그리스도를 위하여 약한 것들과 능욕과 궁핍과 박해와 곤고를 기뻐하노니 이는 내가 약한 그때에 강함이니라"(고후 12:10) 아멘!

주님 뜻대로 살아보려고 몸부림쳤건만 궁핍은 극에 달하고 주님 사랑 전하면서 섬기고 살려고 몸부림쳤건만 핍박과 능욕과 곤고가 닥쳐왔다. 지금 뒤돌아보면 그때 더 기도하고 그때 주님을 더 가까이하고 그때 주님 은혜를 더 받고 그때 주님의 위로가 컸었다.

기도하는데 힘든 일이 생기는 것은 먼저는 내 힘을 빼는 것이라고 했다. 두 번째는 마귀의 방해라고 했다. "맞다. 이런 문제들을 통해 내 힘을 빼는 하나님의 작업이었구나"라는 생각이 들자 감사가 넘쳤다.

또 "주님을 위하여 핍박받는 자는 기뻐하라. 하늘의 상급이 크다"라고 했으니 감사했다. 또 사단이 시험을 주는 것은 내 영이 살아있다는 증거니 감사했다.

"하나님께서 십자가 피로 나를 낳고 십자가로 나를 샀는데 너무 귀해 교만하면 하나님께서 대적하고 물리치니 이렇게 될까 봐 겸손하게 만들기 위해 겸손한 자에게 은총을 베풀고 은혜를 주신다 하셨는데 은혜, 은사, 선물로 많이 받았는데 자고하지 않게 하시려고 가시를 주셨구나. 사단의 사자를 하나님이 허락하였구나"라는 감사가 넘쳤다. 크고 작은 시험 앞에서 넘어지지 않게 이 사랑의 말씀이 나를 굳게 잡아매소서. 아멘!

제2부

나에게 회개의 영을 부어주소서

"믿음은 바라는 것들의 실상이요, 보이지 않는 것들의 증거니 믿음으로 모든 세계가 하나님의 말씀으로 지어진 줄은 우리가 아나니 보이는 것은 나타난 것으로 말미암아 된 것이 아니니라"(히 11:2)

말씀의 은혜 빛 앞에 나의 죄악과 허물과 연약과 실수의 때가 낱낱이 드러나게 하소서.

보이지 아니하는 나라를 설명하기 위해 보이는 나라를 만드셨다고 했다. 보이지 않는 나라는 실상이요 원본이요 보이는 나라는 허상이요 복사본이요 하나님 나라를 보여주기 위한 역할 뿐이라고 했다. 즉 복사본으로 원본을 설명한다고 했다.

실상은 먼저 보았다.

실제가 있다. 원본은 먼저 보았다는 뜻이고 확신은 받았음을 인정하는 것이라고 했다. 실상이 있다는 것은 보이지 않는 하나님이 있다는 것이요 이 하나님은 창조주 하나님이요 구원주 하나님이요 사랑의 하나님이요 심판주 하나님이요 재림주 하나님이요 전지전능하신 하나님이요 무소부재하신 하나님이다.

이 하나님께서 나를 위대한 작품으로 만드셨다. 부모를 만난 것도 하나님이 하셨고 아버지가 일찍 돌아가신 것도 하나님이 하셨고 할머니, 할아버지를 만난 것도 주님이 하셨고 형제자매를 만나게 하신 것도 하나님이 하셨다.

좋은 추억으로만 남는 만남도 많이 있었고 아픔과 고통으로 남는 추억들도 많았다. 이 모든 것이 하나님께서 나를 통해 하나님을 나타내기 위한 그릇 준비 과정이었다.

그 쓰라린 아픔과 고통 속에서 내 속의 쓴 뿌리를 제거하였고 외로움을 통해서는 하나님과 교제하는 법을 배웠고 궁핍함을 통해서는 육이 아닌 영의 배부름을 알게 되었고 힘들고 힘이 없을 때는 사람의 힘으로 사는 게 아니라는 걸 알게 되었다.

하나님이 주시는 힘으로 사는 것을 배웠고 죄와 죄책 때문에 시달릴 때 예수님의 십자가를 바라보는 법을 배웠고 걷잡을 수 없는 실수의 번복으로 시달릴 때 주님을 붙잡는 법을 배웠고 질병 때문에 신음할 때 치유하는 법을 배웠고 사탄에게 시달릴 때 물리치는 법을 배웠다.

구걸하는 신앙생활로 기도에 만족이 없어 헤매일 때 선포하고 명령하는 법을 배웠고 실수하고 연약하고 또 사단에게 자주 넘어짐에 한탄할 때 주님의 지혜를 배웠고 무엇이 옳은지를 몰라 방황함을 통해 하나님의 뜻을 배웠고 게으름과 방탕 때문에 뼈저리게 후회할 때 주님의 성실함을 배웠다.
내 마음을 달랠 진정한 노래를 찾다보니 찬양하는 법을 배웠고 누군가에게 내 마음을 전하고 싶어 글을 쓰다 보니 하나님을 발견하게 되었고 사람들 때문에 시달리고 신음할 때 섬기는 법을 배웠고 물질 때문에 시달리고 고통스러워할 때 주님의 부유를 발견했고 가난에 몸서리칠 때 축복의 길을 배웠다.
말씀 대로 살지 못하는 나를 확대할 때 예수 그리스도의 십자가의 은혜를 배웠고 보이는 집이 없어 눈물로 통곡하다 보니 하늘의 내 집을 보았다.

이 땅에 것 다 잡고 누리려고 몸부림치다 쓰러지니 나그네였음을 보았고 내 힘을 과시하다 넘어지다 보니 마귀의 힘이었음을 보았고 내 열심이 특심으로 일하다 허탈감에 빠짐을 보고 마귀에게 충성했음을 알게 되었다.

날마다 기도할 때도 나의 허물과 실수와 죄악이 낱낱이 드러나게 해달라고 기도한다. 회개 기도는 세상 때, 죄악의 때, 육의 때, 소욕의 때를 벗기는 때밀이와 같다. 이 때를 벗기고 나면 예수님이 좋고 깨끗한 옷을 입혀 주신다.

예배 때마다 말씀이 거울이 되어 허물과 죄악과 실수와 연약을 깨닫게 하시니 감사하다.

십자가 보혈로 깨끗이 씻어주시니 감사하고 이것 때문에 무수한 죄악으로 생명책 행위록에 기록된 나의 죄목들이 깨끗이 지워지니 감사하다.

주님 부르시는 그날까지 나의 허물은 벗어지고

속사람은 성령의 능력으로 강건하고

오직 그리스도로 옷 입게 하사

나를 통해 주의 영광 나타나게 하소서.

남은 여생이 주님의 향기 되게 하소서.

주님의 편지 되게 하소서.

걸음마다 자국마다 손길마다 주님 흔적만 남게 하소서.

나는 날마다 쇠하고 주님 형상 이루소서.

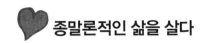 **종말론적인 삶을 살다**

"그러나 노아는 여호와께 은혜를 입었더라 이것이 노아의 족보니라 노아는 의인이요 당대에 완전한 자라 그는 하나님과 동행하였으며 세 아들을 낳았으니 셈과 함과 야벳이라 그 때에 온 땅이 하나님 앞에 부패하여 포악함이 땅에 가득한지라 하나님이 보신즉 땅이 부패하였으니 이는 땅에서 모든 혈육 있는 자의 행위가 부패함이었더라…"(창 6:8-22)

세상 속에 살더라도 세상 사람들과
가치가 다르게 살아야 한다.
이 세상에 매달려 사는 것이 아니라
하나님의 약속을 바라보고 살아야 한다.
노아의 때에 세상의 죄악이 관영하여
하나님께서 세상에 심판을 작정하셨다.
지금이 노아의 때와 같다.
그러나 노아는 은혜를 입었더라 했다.
죄 가운데 살지 않도록 구분시켜 노아를 통해
구원 계획을 알려 주셨다.
하나님은 은혜와 비밀은 성령으로만 깨닫게 하신다.
하나님은 노아 여덟 식구만 탈 수 있는 배가 아니라
상상할 수 없는 큰 배를 짓게 하셨다.
또 배를 바닷가나 땅에서 짓게 하지 않으시고
산꼭대기에서 지으라고 하셨다.

노아는 겸손한 사람이었다.

겸손한 사람에게 하나님은 은혜를 베푸신다 하셨다. 하나님의 은혜가 임해야 하나님 음성을 들을 수 있다.

노아는 "배를 지어라"라는 하나님의 약속을 붙잡은 자였다. 그 언약의 말씀에 온전히 사로잡히니 다른 소리는 들리지 않았다. 그 어떤 생각도 이 말씀을 빼앗아 갈 수 없고, 그 어떤 소리에도 이 언약의 말씀은 뺏길 수 없었다. 노아는 오직 사는 일이 밥 먹고 배 짓고, 밥 먹고 배 짓고였다.

하루, 한 달, 두 달, 1년, 2년….

노아는 "배 지어라"라는 말씀을 듣고 구원을 대비하고 심판을 대비해서 종말론적인 삶을 살았다. 이 땅의 것을 먹고 사는 게 아니라 하나님의 말씀대로 사는 것이었다.

"노아야 배를 지어라."

이 말은 구원을 의미했다. 이 세상을 떠나 하나님 나라로 인도할 배, 노아는 예수 그리스도를 의미했다. 약속을 믿는 자만이 은혜로 살 수 있다. 방주 짓는 게 신앙생활이다.

 ## 부르짖는 것이 답이고 길이다

"그는 궁핍한 자가 부르짖을 때에 건지며 도움이 없는 가난한 자도 건지며"(시 72:12)

"내가 부르짖음으로 피곤하여 나의 목이 마르며 나의 하나님을 바라서 나의 눈이 쇠하였나이다"(시 69:3)

"하나님이여 나의 부르짖음을 들으시며 내 기도에 유의하소서"(시 61:1)

"내가 지존하신 하나님께 부르짖음이여 곧 나를 위하여 모든 것을 이루시는 하나님께로다"(시 57:2)

"환난 날에 나를 부르라 내가 너를 건지리니 네가 나를 영화롭게 하리로다"(시 50:15)

"여호와여 나의 기도를 들으시며 나의 부르짖음에 귀를 기울이소서 내가 눈물 흘릴 때에 잠잠하지 마옵소서 나는 주와 함께 있는 나그네이며 나의 모든 조상들처럼 떠도나이다"(시 39:12)

"내가 여호와께 간구하매 내게 응답하시고 내 모든 두려움에서 나를 건지셨도다"(시 34:4)

"여호와 내 하나님이여 내가 주께 부르짖으매 나를 고치셨나이다"(시 30:2)

"내가 주의 지성소를 향하여 나의 손을 들고 주께 부르짖을 때에 나의 간구하는 소리를 들으소서"(시 28:2)

"여호와여 내가 소리 내어 부르짖을 때에 들으시고 또한 나를 긍휼히 여기사 응답하소서"(시 27:7)

"그는 곤고한 자의 곤고를 멸시하거나 싫어하지 아니하시며 그의 얼굴을 그에게서 숨기지 아니하시고 그가 울부짖을 때에 들으셨도다"(시 22:24)

"내가 환난 중에서 여호와께 아뢰며 나의 하나님께 부르짖었더니 그가 그의 성전에서 내 소리를 들으심이여 그의 앞에서 나의 부르짖음이 그

의 귀에 들렸도다"(시 18:6)

 ## 부르짖는 기도의 위력

지난날을 뒤돌아볼 때 부르짖는 것만이 유일한 답이었다.

사업 실패, 부부갈등, 자녀 사춘기, 반항, 질병, 개척교회 지하 15년 6개월, 물질 문제, 인간관계 문제, 교회 문제, 생활 문제, 사업 문제 등. 가만히 있으면 우울증이 저절로 찾아오고 온갖 염려, 걱정, 근심, 불안, 두려움. 조급함, 절망, 낙심 등이 걷잡을 수 없이 몰려와 숨이 차서 죽을 것만 같았다. 자살하는 자가 이해가 되고 범죄하는 자가 이해가 되고 정신병자가 이해가 되고 이혼하는 것이 이해가 됐다.

이런 상황에서 오늘까지 이겨 온 것은 부르짖는 기도 때문이다. 이렇게 힘들 때는 문제에 너무 눌림을 받아 말씀도 귀에 잘 들어오지 않았다.

"주여, 주여, 주여. 아버지, 아버지, 아버지"라고 큰 소리로 간절히 부르짖었다. 이것저것 말할 힘도 없이 "주여, 하나님 아시죠. 좀 살려 주세요. 숨이 막힙니다. 감당할 힘이 없어요. 내 손 잡아주세요. 나를 도울 자는 오직 예수님뿐입니다"라는 간절한 고백이 흘러나왔다.

목이 쉬도록 부르짖을 때 내 속의 온갖 어두움은 떠나가고 평안이 임했고 새 힘이 임했다. 이럴 때 말씀도 꿀송이처럼 다가오고 은혜를 받는다. 내가 문제와 환경, 자신에게 잡혀 있을 땐 어떤 사람의 소리도 나에게 힘이 되지 않고 도움이 안 되었다. 이런 환경을 하나님이 허락하신 건데 어차피 이 터널은 뚫어야만 통과할 수 있으니 이 암울한 터널을 이길 수 있는 무기는 오직 부르짖는 것뿐이었다.

부르짖을 때마다 하나님의 위로가 넘쳤고 평안이 넘쳤고 힘이 넘쳤다. 이 맛을 봤기 때문에 먹어 본 자만이 맛을 알 듯 부르짖기 시작했다. 부르짖으면 먼저 내 심령의 굴뚝이 뻥 뚫린 것같이 부르짖을수록 찬양도 불이 붙고 말씀에 불이 붙고 기도에 불이 붙었다.

첩첩이 막혀있는 태산 같은 문제는 부르짖을 때마다 태산이 무너져 평지가 되니 문제 뒤에 마귀의 궤계를 보고 또 그 너머 하나님의 손길을 볼 수 있는 눈이 열려야 한다. 보이는 것만 붙들고 싸우면 답이 없다. 전쟁이 끝이 없다. 그러나 부르짖을 때마다 이 눈이 열린다. 이 영의 눈이 열리면 전쟁은 이겨놓은 전쟁, 문제를 밟고 즐기면서 지나가는 한 통로에 불과했다.

어떠한 문제 앞에서도 부르짖을 때 문제를 통해 주는 사탄의 온갖 술수, 계획, 장난이 다 떠나가고 무너진다. 두려움도 염려도 근심도 걱정도 욕심도 미움도 싸움도 불안도 내 속에 육의 소욕으로 옛사람으로 반응하는 모든 것이 다 떠나가고 평안이 넘치고 마귀의 장난이 보이고 하나님의 손길과 사랑이 깨달아지고 보이게 된다.

이 땅에서도 나라를 뺏기 위한 전쟁에 불이 붙고 있다. 하나님 나라를 뺏아간 마귀에게서 하나님 나라를 뺏아오는 전쟁터다. 한 영혼 한 영혼 뺏아오기 위해서는 영적으로 치열한 전쟁터다. 하나님이 일을 하라고 이 땅에 파송시켜 주셨고 사명을 주셨다. 이 일을 위해 온갖 무기를 다 주셨다.

예수님 안에는 모든 무기가 다 들어있지만 제일 큰 무기는 부르짖는 기도이다. 내게 주신 무기는 부르짖는 기도였다.

이 달란트를 땅에 묻어두면 악하고 게으른 종이라고 책망 받는다. 기도 제목마다 부르짖음의 기도를 많이 사용하고 활용하며 일하면 칭찬할 것이다.

부르짖으면 주님이 직접 싸우시고 일하시니 많은 열매가 있으리라 믿고 감사 기도를 올렸다. 기도 속에 참 행복이 있고 문제의 길이 보이고 답이 있다. 진정한 안식과 쉼과 만족은 기도 안에 있었다. 주님을 만나는 지름길도 기도 안에 있었다. 문제를 만나 마귀에게 실컷 터지고 나서 하나님의 뜻을 깨닫고 하나님의 손길을 깨닫는다면 빙빙 둘러 실컷 고생하고 오는 길이지만, 문제 앞에 부르짖으면 전화 위복의 역사, 지름길뿐 아니라 영적으로 신령한 복까지 겸해 주신다.

이 맛을 알기 때문에 기도 시간만은 놓치지 않는다. 기도 시간만은 양보하지 않고 뺏기지 않으니 이 일을 위해 성령의 큰불 내려주소서.

 **명품 기도**

일흔이 다 된 여자 집사님이 생전 처음으로 대표 기도를 했다. 아주 순수하고 어린아이같이 울면서 기도를 했다. 모두가 마음이 찡하여 눈물을 흘렸다. 나도 기도 소리에 감동되어 눈물을 흘리고 있는데 "우리교회에서 하는 기도가

명품 기도가 되게 해주세요"라는 집사님의 목소리가 들렸다. 나는 울다가 웃음이 나와서 견딜 수가 없었다.

기도 중 우리의 연약함과 하나님의 크신 사랑 앞에 눈물을 흘릴 수밖에 없었지만 우리의 기도가 가짜가 아니라 명품이 되게 해달라는 처음 들어보는 말에 속으로 깔깔깔 웃으며 절제가 안 되었다.

그런데 그 시간 설교 말씀이 들을수록 은혜가 되었다. 목사님의 설교가 바로 명품 설교였다.

"성령님은 빈틈이 없으시구나"라는 생각이 들었다.

목사님은 "왜, 감사와 감격이 없느냐? 죄와 사망의 영력인 육신에 사로잡혀 육신의 것만 구하느냐? 하나님에 대해 감사와 감격이 없다"라고 말씀하셨다. 하나님이 왕 노릇하는 그 영력이 우리 안에 있는데 의와 진리와 거룩을 구하는 기도가 명품 기도인 것을 깨달으니 집사님의 그 기도가 더 은혜가 되었다.

우리가 절망하고 좌절하는 이유는 죄 가운데 살아가는 본성 때문이라고 했다.

가룟 유다는 하나님의 계획을 보지 못하고 또 하나님의 계획과 하나님에 대해 하나님 뜻에 대해 관심이 없었고 예수님께서 로마 황제가 되어 이 땅에서 예수님의 덕을 보려고 따라다니다 예수님께서 십자가를 지시고 돌아가실 것을 말씀하시니 기대에 어긋난다는 실망 때문에 은 30세겔이라는 작은 물질에 예수님을 팔아버렸다. 그러나 마리아는 평생 결혼 자금으로 모은 300데나리온이나 되는 향유를 예수님 발 앞에 단번에 깨트리고 부음은 하나님에 대해, 예수 그리스도에 대해 눈이 열린 자라는 뜻이다. 마리아는 하나님의 사랑과 구원을 볼 수 있는 눈이 열린 자이다.

죄 가운데 살아가는 본성을 벗어버리는 방법은 예수 그리스도와 함께 죽는 것밖에 없다.

애굽에서 나오지 않으면 가나안에 들어갈 수 없음같이 이 애굽은 바로가 다스리는 곳, 죄와 사탄이 다스리는 세상이다. 이 애굽을 벗어나는 길은 오직 예수 그리스도의 십자가 밖에 방법이 없다.

죄와 거룩이 함께 할 수 없고 예수님과 세상을 동시에 가질 수가 없으니 죄를 벗어버리기 위해 기도하고 죄가 예수님과 함께 죽기를 위해 기도해야 한다.
"하나님의 의, 거룩과 진리로 회복되고 채워지기를 기도하고 하나님의 성품 닮아가기를 기도하는 것이 고급된 인격이고 하나님과 교통하는 삶이고 이것이 명품 기도구나"라는 생각에 감사와 감격이 넘쳤다.
"이는 땅에 것의 형통을 구하는 수준 낮은 기도가 아니다. 영적 형통, 즉 차원이 다른 하나님 나라에 들어가는 기도, 하나님의 생각 안으로 들어가기를, 하나님의 세계 안으로 들어가는 것이 영적 형통이구나"라고 깨달았다.

진정한 인간미는 양심에 있다고 했다.
하나님 앞의 양심은 거룩이라고 했다. 하나님의 거룩은 나는 없고 하나님 뜻만 나타내는 것이라고 했다. 인간다움은 허망한 것을 행하지 않는 것이라고 했다. 하나님 앞의 거룩은 생명에서 떠나지 않는 것이라고 했다. 늘 하나님을 느끼며 사는 것이라고 했다. 죄와 사망은 더럽게 사는 것이고 짐승처럼 사는 것이고 본능 대로 사는 것이고 자기 소견 대로, 자기 좋은 대로 사는 것이다.

마리아처럼 사는 것이 명품 기도라고 생각했다.

그러나 마리아처럼 살고자 하면서도 늘 유다처럼 살아간다. 보상 심리가 충만하고 늘 내 것만 찾고 내 것만 가진다.

마리아는 예수님의 죽으심에 대한 감사와 사랑의 표현으로 옥합을 깨트렸다. 예수님은 복음이 전파될 때마다 이 아름다운 행실을 전파하라 하셨다. 정과 욕심을 버리지 않으면 하나님을 누릴 수 없다.

마리아의 옥합을 깨트림은 예수 그리스도의 십자가, 주님의 이 죽으심을 위해 받은 사랑에 대한 감사 고백이다. 이것이 마리아의 신앙이었다.

하나님의 뜻에 대해 관심도 없고 예수님의 죽음에 대해 관심도 없고 눈에 보이는 것, 육의 소욕을 좇아 기도하는 것은 아주 낮은 기도, 명품 기도가 아니다. 하나님의 형상 닮기를, 회복하기를, 하나님의 비밀인 예수 그리스도, 하나님의 사랑의 절정인 예수 그리스도의 십자가, 예수님을 깨달아 주님처럼 살아가기를, 주님 따라가기를 구하는 것이 명품 기도구나. 이를 위해 성령 충만 구한 것이 명품 기도구나.

오직 예수로 살고 예수로 죽자

개혁은 원래의 것이 나타날 때까지 원래의 상태로 돌아가는 것이다. 원형이 있는데 훼손되니 본래로 돌아가는 것이다.

약속 어음은 현금이 아니지만 현금처럼 인정받아 사용할 수 있다. 그러나 그 어음을 사용하기 위해서는 만기일까지 기다려야 한다.

구약은 약속 어음같은 구원을 받았다. 믿음 없는 자는 종이로 보지만 믿음 있는 자는 현금으로 보는 것처럼 구약은 약속하신 분을 보고 믿고 실상을 보고 믿는 것이다.

믿음의 세계는 맡길 때 보인다. 성령이 조명하실 때만 깨닫게 된다.

'주님, 눈을 열어 올바로 깨닫고 누리게 하소서.'

"예수께서 신 포도주를 받으신 후에 이르시되 다 이루었다 하시고 머리를 숙이니 영혼이 떠나가시니라"(요 19:30)

 ## 예수님 때문에 나의 옛사람은 죽었다

나는 옛사람이 아니다. 옛사람의 소욕은 날마다 시간마다 죽을찌어다.
"나는 날마다 죽노라"라는 사도 바울의 고백처럼 날마다 시간마다 분초마다 죽노라.

예수님 때문에 나의 육의 사람은 죽었다.
육의 소욕들은 날마다 시간마다 분초마다 죽을찌어다.
예수님 때문에 내 의는 죽었다.
내 의의 소욕은 철저히 죽을찌어다.

예수님 때문에 나는 율법의 사람이 아니다.

율법적인 소욕은 철저히 부인되고 죽을찌어다.

예수님 때문에 나는 불법의 사람이 아니다.

불법은 철저히 부인되고 죽을찌어다.

예수님 때문에 나는 거짓 선지자가 아니다.

거짓 영은 철저히 부인되고 제거될찌어다.

예수님 때문에 나는 악하고 게으른 종이 아니다.

악하고 게으름은 철저히 부인한다 죽을찌어다.

예수님 때문에 나는 낡은 부대가 아니다.

낡은 부대의 소욕은 철저히 부인하고

십자가 앞에 죽을찌어다.

예수님 때문에 나는 내 자랑, 옛 것 자랑하는 자가 아니다.

예수님 아닌 다른 것 자랑하는 소욕은 철저히 부인한다.

십자가 앞에서 철저히 죽을찌어다.

예수님 때문에 나는 옛 곳간이 아니다.

옛 곳간의 소욕을 철저히 부인한다.

철저히 죽을찌어다.

예수님 때문에 나는 청함 받은 자가 아니다.

청함 받은 자의 소욕을 철저히 부인한다. 죽을찌어다.

예수님 때문에 나는 염소가 아니다.

염소의 소욕을 철저히 부인한다.

염소의 소욕은 철저히 죽을찌어다.

예수님 때문에 나는 넓은 문으로 가는 자가 아니다.

넓은 문의 소욕을 철저히 부인한다.

죽고 제거되고 떠나가라.

예수님 때문에 나는 쭉정이가 아니다.

쭉정이 소욕을 철저히 부인한다.

죽고 제거되고 떠나가라.

예수님 때문에 나는 가라지가 아니다.

가라지 소욕을 철저히 부인한다.

죽고 제거되고 떠나가라.

예수님 때문에 나는 미련한 다섯 처녀가 아니다.

미련한 다섯 처녀의 소욕을 철저히 부인한다.

죽고 제거되고 떠나가라.

예수님 때문에 나는 모래 위에 지은 집이 아니다.

모래 위에 지은 집의 소욕은

철저히 제거되고 떠나갈찌어다.

 ## 예수님의 부활의 권능

예수님의 부활의 권능은 죄와 사망을 이긴 권세다.

이는 어마어마한 권세다. 이 세상 어느 누구도 죄와 사망을 이길 자는 없다. 죄와 사망을 깨트릴 자도 없다. 십자가 없는 부활은 없다.

예수님만이 우리를 위해 십자가 지심으로 죗값을 다 치르고 죽으셨다. 3일 만에 부활하심은 죄와 사망 권세 다 깨트리시고 승리의 영으로 부활하셨다. 죽음의 큰 대가를 치르지 않으면 이 부활의 권세, 죄와 사망을 이기는 권세, 죽음을 이기는 권세, 세상을 이기는 권세, 마귀를 이기는 권세, 질병을 이기는 권세, 육의 소욕을 이기는 권세를 가질 수 없다.

"너희는 담대하라 내가 세상을 이기었노라."(요 16:33)

이 이김을 우리에게 부활의 영으로 오셔서 주셨다.

이 부활의 영은 평강의 영이요 지혜의 영이요 하나님을 경외하는 영이요 예수 그리스도의 영이요 생명의 영이요 소망의 영이요 승리의 영이요 찬양의 영이요 기쁨의 영이요 거룩의 영이요 진리의 영이요 회개의 영이요 감사의 영이요 기도의 영이요 사랑의 영이요 은혜의 영이요 하나님 나라를 다스리는 영이요 위로의 영이요 치료의 영이요 맘뜻, 성품, 힘, 목숨 다해 하나님을 사랑하게 하는 영이요 이웃을 내 몸처럼 사랑하게 하는 영이요 섬기는 영이요 순종하는 영이요 능력의 영이요 믿음의 영이요 새로워지는 영이요 변화의 영이요 응답의 영이요 살리는 영이요 긍휼의 영이시다.

부활의 권능으로 살지 않으면 쭉정이가 된다.

예수님 부활 내 부활,

예수님 권능 내 권능.

예수님 승리 내 승리,

예수님 사랑 내 사랑.

예수님 축복 내 축복.

예수님 때문에 나는 새사람이 되었다.

새사람의 영으로 충만히 채워졌다.

날마다 새사람을 입는다.

예수님 때문에 나는 영의 사람이 되었다.

날마다 성령으로 충만히 채워졌다.

예수님 때문에 나는 은혜의 사람이 되었다.

예수님 때문에 나는 감사의 사람이 되었다.

예수님 때문에 나는 축복의 사람이 되었다.

예수님 때문에 나는 기쁨의 사람이 되었다.

예수님 때문에 나는 합법, 하나님 뜻대로 사는 자가 되었다.

예수님 때문에 나는 하나님 말씀대로 사는 자가 되었다.

예수님 때문에 나는 기도의 사람이 되었다

예수님 때문에 나는 찬양의 사람이 되었다.

예수님 때문에 나는 실한 양이 되었다.

예수님 때문에 나는 택함 받은 자가 되었다.

예수님 때문에 나는 새 곳간이 되었다.

예수님 때문에 나는 좁은 문으로 가는 자가 되었다.

예수님 때문에 나는 기도하는 자가 되었다.

예수님 때문에 나는 전도하는 자가 되었다.

예수님 때문에 나는 알곡과 좋은 씨가 되었다.

예수님 때문에 나는 좋은 물고기가 되었다.

예수님 때문에 나는 슬기로운 다섯 처녀가 되었다.

예수님 때문에 나는 반석 위에 지은 집이 되었다.

예수님 때문에 나는 보물을 하늘에 쌓아두는 자가 되었다.

예수님 때문에 나는 좋은 포도주 단 포도주가 되었다.

예수님 때문에 나는 깨끗한 그릇, 하나님 쓰시기에 합당한 그릇이 되었다.

예수님 때문에 나는 빛이 되었다.

예수님 때문에 나는 생명의, 성령의 법이 되었다.

예수님 때문에 나는 예수님의 통치 받는 자가 되었다.

예수님 때문에 나는 하나님의 자녀가 되었다.

예수님 때문에 나는 아멘, 순종, 충성, 헌신하는 자가 되었다.

예수님 때문에 나는 건강한 자, 치료받은 자가 되었다.

예수님 때문에 나는 경건, 하나님만 경외하는 자가 되었다.

예수님 때문에 나는 믿음의 사람이 되었다.

예수님 때문에 나는 긍정적인 자가 되었다.

예수님 때문에 나는 칭찬, 격려하는 자가 되었다.

예수님 때문에 나는 남을 나보다 낮게 여기며 높이는 자가 되었다.

예수님 때문에 나는 영혼을 사랑하는 자가 되었다.

예수님 때문에 나는 하늘에 소망을 둔 자가 되었다.

예수님 때문에 나의 시민권은 하늘 즉 천국에 있다.

예수님 때문에 나는 하나님의 자녀가 되었다.

예수님 때문에 나는 하나님의 동역자가 되었다.

예수님 때문에 나는 하나님의 기업이 되었다.

예수님 때문에 나는 하나님의 친구가 되었다.

예수님 때문에 나는 예수님의 신부가 되었다.

예수님 때문에 나는 하나님의 백성이 되었다.

예수님 때문에 나는 하나님의 소유가 되었다.

예수님 때문에 나는 행복한 자가 되었다.

예수님 때문에 나는 하나님의 파수꾼으로 부름받았다.

예수님 때문에 나는 하나님 나라 기도의 군병으로 부름받았다.

예수님 때문에 나는 하나님 나라 기업을 이어 받았다.

예수님 때문에 나는 성령 충만한 자가 되었다.

예수님 죽음 내 죽음. 예수님 부활 내 부활. 예수님 사랑 내 사랑. 예수님 정신 내 정신. 예수님 심장 내 심장. 예수님 마음 내 마음. 예수님 겸손 내 겸손. 예수님 온유 내 온유. 예수님 눈 내 눈. 예수님 손길 내 손길.

예수님과 하나 되게 하소서.

나는 없고 예수님만 있게 하소서.

나는 쇠하고 예수님만 흥하게 하소서.

나는 지고 예수님만 이기게 하소서.

나는 죽고 예수님만 살게 하소서.

나는 철저히 실패하고 예수님만 승리하소서.

나는 예수님께 정복당하고 예수님은 나를 정복하소서.

나는 예수님께 다스림 받게 하시고

예수님만 나를 다스리게 하소서.

세상 소리 죽고 예수님만 노래하게 하소서.

내 자랑 죽고 예수님만 자랑하게 하소서.

내 삶에 예수님 향기 가득하게 하소서.

내 인생 여정, 예수님 발자국만 있게 하소서.

내 뒤 예수님 흔적만 남게 하소서.

내 말 예수님 생명만 뿌려지게 하소서.

내 길 예수님만 따라가게 하소서.

내 눈 예수님만 똑바로 보게 하소서.

내 목자되신 예수님의 음성만 듣게 하소서.

내 손 예수님만 붙잡게 하소서.

내 코 예수 생명으로만 숨쉬게 하소서.

예수님으로 살고 예수로 죽게 하소서,

남은 여생 주님의 뜻을 이루게 하소서.

 ## 내 인생의 얍복강

"밤에 일어나 두 아내와 두 여종과 열한 아들을 인도하여 얍복 나루를
건널새 그들을 인도하여 시내를 건너가게 하며 그의 소유도 건너가게
하고 야곱은 홀로 남았더니 어떤 사람이 날이 새도록 야곱과 씨름하다
가 자기가 야곱을 이기지 못함을 보고 그가 야곱의 허벅지 관절을 치매
야곱의 허벅지 관절이 그 사람과 씨름할 때에 어긋났더라…"(창 32:22-
30)

야곱에게 얍복강은 놀라운 변화의 중심지였다.

야곱이라는 이름을 벗어버리고 이스라엘이라는 새 이름을 얻은 곳이다. 가족과 모든 사람을 보내고 혼자 남은 곳이다, 아브라함도 본토, 친척, 아비 집을 떠났다. 지금 나도 얍복강을 만났다.

내가 붙들고 있는 나의 소망, 나의 꿈, 나의 의지, 내 마음속에서 하나하나 떠나보내는 것이다. 즉 혈기, 교만, 고집, 욕심, 시기, 연약, 죄악, 질병 의식, 죄의식, 실패 의식…. 야곱이 얍복강에서 혼자 남은 것같이 나도 지금 홀로서기 훈련으로 하나님만 바라보고 하나님만 의지하고 하나님만 붙들게 하셨다.

그 누구의 도움도 받을 수 없는 순간이다. 아무에게도 의지할 수도 기댈 수도 하소연할 수도 없다. 그렇기 때문에 부르짖어 기도하게 된다. 그럴 때 야곱에게 하나님의 사자가 나타남을 체험하며 더욱 힘을 얻어, 야곱이 응답과 해결을 위해 밤새도록 죽기 살기로 그와 씨름하여 매달려 기도하는 것같이 나에게도 "하나님이 도와주지 않으면, 살려주지 않으면, 응답하지 않으면 놓지 않겠다"라는 하나님만 붙들고 씨름하는 기도가 시작됐다.

야곱이 "죽으면 죽으리다. 나를 데리고 가시든지 응답하시든지 하나님께서 나를 데리고 가시든지 문제를 해결해 주시든지…" 하며 간절히 기도하는 것같이 나 역시 내 안에서, 즉 육의 소욕, 마귀의 세력이 두려움을 주고 강한 모습으로 다가온 이 문제들은 바로 영적인 싸움이다,

마귀를 이기는 것도 기도 외에는 없다. 어차피 우리의 인생은 형통과 곤고의

병행임을 하나님이 정해 놓으셨다. 고난 뒤에 축복이, 축복 뒤에 고난이 준비되어 있다,

동이 트기까지의 시간은 야곱에게 삶을 막고 있던 어두움을 딛고 미래를 향한 새로운 정체성을 갖게 하는 시간이었다. 야곱은 이름에 걸맞게 움켜쥐고, 남을 속이며, 빼앗는 자로 살아왔다. 한 목표를 정하면 이루고야 마는 사람, 팥죽 한 그릇으로 장자권을 빼앗고, 외삼촌 집에서 거부가 되기 위한 집착 즉 자기주장은 그 누구도 꺾지 못하고 막을 수 없었다.

하지만 하나님은 자기 의를 꺾기 위해, 고난을 통해 씨름하는 기도를 통해, 자기의 한계와 무기력을 깨닫게 하셨다. 하나님 앞에서 씨름하는 기도는 하나님을 꼭 붙잡고 매달리는 기도였고 응답받을 때까지 붙들고 늘어지는 기도였고 사망과 싸워 이기는 기도, 두려움과 싸워 이기는 기도였다. 응답해 주셔서 생명의 사람, 예수의 사람, 성령의 사람이 되게 해달라고 힘써 더욱 간절히 구하는 기도였다.

변화와 성장은 영적으로 이긴 자에게 온다. 기도로 응답을 따낸 자에게만이 변화와 성장이 온다. 변화와 성장은 우리 노력과 힘으로 안 된다. 성령으로만 된다.

우리의 싸움은 혈과 육의 싸움이 아니다. 악한 영과의 싸움이다. 전쟁은 이길 때까지 싸워야 한다. 반드시 이겨야 한다. 야곱의 뒤에는 악한 영이 붙들고 있다. 지면 종이 된다. 내 의, 고집, 아집 뒤에는 악한 영이 일한다. 우리 힘으로는 이길 수 없다. 응답받을 때까지 씨름하는 기도로 이겨야 한다. 힘없는 기도, 생명 없는 기도, 쉬어가면서 하는 기도는 영적 전쟁을 치를 수 없고 이길 수 없다.

야곱의 얍복강 나루는 야곱의 굳어진 마음을 갈아엎는 곳이었다. 지난날 지배했던 속임수, 교활함, 모든 거짓말, 경건치 못한 행위를 버리는 곳, 그의 내면에 있는 어둠과 정면 대결해서 승부를 끌어내는 곳, 삶의 주체가 자신이었는데 하나님, 성령, 말씀의 인도가 삶의 주체로 바뀌는 곳이었다.

나의 얍복강 나루는 사업 실패, 극심한 가난, 어떻게 해볼 수 없는 여러가지 질병, 끝없이 다가오는 문제들이었다. 이것들을 통해 하나님 앞에 아우성치고 허덕이며 몸부림치며 기도하다 보니 내 자아가 하나하나 처리되고 예수로 채워지고 있었다.

얍복강에서 야곱은 자신을 보는 눈이 열렸다.

"네 이름이 무엇이냐?"라고 물으실 때 "야곱입니다"라고 겸손히 자신을 인정한 야곱을 축복하셨다. 축복의 내용은 물질도 아니고 건강도 아니고 성공도 아니고 이스라엘이라는 새로운 이름을 주시는 것이었다.

야곱의 새 이름 이스라엘은 "투쟁, 이기다. 하나님이 투쟁하시다. 하나님이 이기다"라는 뜻이다. 야곱 즉 거짓말, 속임수, 교활함, 이기심, 욕심, 자아가 이긴 것이 아니라 하나님이 새사람으로, 하나님의 사랑으로, 하나님의 생명으로 이겼다는 것이다.

하나님과 일대일로 만나야 한다.

지금 만나야 한다. 지금 부르짖어 성령 충만을 받아야 한다. 그럴 때 삶을 돌아볼 수 있고 자신을 돌아볼 수 있고 새로운 변화와 성장이 있다. 내 모습을 솔직히 내어놓고 하나님과 씨름해야 한다. 두렵다고, 힘들다고, 낙심해서 도망치지 말고, 포기하지 말고, 기도로 끝까지 씨름해야 한다.

지금 성장을 방해하는 것이 무엇인지 확인하고 하나님을 전적으로 의지할 때 하나님은 우리를 새롭게 만나주신다. 지금 내가 야곱의 얍복강의 씨름하는 기도로 주님을 만날 때 야곱의 내가 이스라엘의 나로 변화된다. 하나님은 승리하여 변화된 나를 축복의 통로로 쓰신다.

내 인생은 내 것이 아니다

이 세상을 태어남도 이 세상을 떠남도 하나님의 계획은 한 치의 오차가 없다. 내가 원하는 것과 상관없이 등을 떠밀어 가신다. 태어나면서부터 만남도, 환경도, 시간도 하나님의 계획 안에 다 있다.

창세 전 계획한 것을 적어놓은 책이 성경이다.

우리를 언약의 도구 즉 연장으로 부르셨다. 연장(도구)은 스스로 돌아다니면 안 된다. 장인의 손에 잡혀야 한다. 어설픈 일꾼의 손에 잡히면 손등을 찍혀 다친다. 칼, 망치, 도끼, 호미, 괭이, 삽 등. 예수님도 하나님 아버지의 손에 의해 성경 언약을 응하게 쓰임 받았다. 언약 때문에 철저히 간섭 받았다.

성도로 부름받은 나도 언약 안에 산다. 이 도구인 내가 예수님이 붙잡을 때 하나님이 원하시는 명품이 된다. 아무나한테 붙잡히면 안 된다. 마귀에게 또 사람의 손에 붙잡히면 하나님 나라를 허무는 자, 깨트리는 자, 방해하는 자, 도적질하는 자, 또는 폐품이 된다.

만물이 주님께로 말미암고 또 주님께로 돌아간다고 했다.

이 만물 안에 내가 있다. 나는 주님의 것이다. 만물이 주님의 것이다. 내 마음대로 살면 불량품이 된다.

늘 나를 이기지 못하고, 사탄을 이기지 못하고, 환경을 이기지 못하니 또 내 마음대로 사니 불량품이 나온다. 내 인격이, 내 삶이, 가정이, 환경이, 사역에서 불량품이 계속 나온다. 예수님 안에 사는 것은 성령으로 사는 것이다. 성령의 인도를 받기 위해서는 무릎을 드리는 대가를 치러야 한다.

 ## 인생의 목적은 주인에게 쓰임 받는 것이다

우리의 인생은 주인에게 쓰임 받을 때 제일 아름답다. 인생의 목적은 기도로 깨닫는다. 말씀 붙들고 기도할 때 성령이 깨닫게 하시고, 아버지의 뜻대로 살아갈 때 행복하다. 딴 길로 가니 원위치 시키기 위해 고난을 주신다. 주님이 오라 하면 가야 하는 것, 맡겨놓은 것 달라하면 드리는 일이 가치 있고 아름답다.

> "내가 궁핍하므로 말하는 것이 아니니라 어떠한 형편에든지 나는 자족하기를 배웠노니 나는 비천에 처할 줄도 알고 풍부에 처할 줄도 알아 모든 일 곧 배부름과 배고픔과 풍부와 궁핍에도 처할 줄 아는 일체의 비결을 배웠노라 내게 능력 주시는 자 안에서 내가 모든 것을 할 수 있느니라"(빌 4:11-13)

바울은 어떠한 환경에 처하든지 자유를 누렸던 자다. 환경과의 치열한 싸움이었다. 굶주릴 때 배고팠고, 핍박받을 때 괴로웠고, 매 맞을 때 아팠고, 슬플 때 울었고, 병 걸렸을 때 연약했다. 또 자신과의 치열한 싸움이 있었다.

> "내가 원하는 바 선은 행하지 아니하고 도리어 원하지 아니하는 바 악을
> 행하는도다 오호라 나는 곤고한 사람이로다 이 사망의 몸에서 누가 나
> 를 건져내랴"(롬 7:19,24)

예수님을 믿을 때, 영접할 때, 예수님께서 십자가 지시고 부활하셨음으로 죄
와 사망의 법에서 해방을 주시고 생명의 성령의 법을 주셨다. 그러나 이 죄와
사망의 법을 날마다 해방을 누리고 생명의, 성령의 법을 누리기 위해서는 성
령 충만해야 한다. 그러기 위해서 말씀과 기도로 깨어있어야 한다.

날마다 울부짖는 기도로 성령에 완전히 잡힐 때 자신의 연약함을 진단하게
되며, 자신의 죄악도 진단하게 되며 또 그것을 십자가 앞에 두고, 부르짖어 기
도할 수 있다. 부르짖을 때 하나님의 섭리를 깨달을 수 있고 또 부르짖을 때 하
나님의 사랑도 깨달을 수 있고, 하나님의 은혜도 깨달을 수 있었다. 성령에 사
로잡힐 때 성령의 충만함을 받을 때 시적인 고백이 나오고, 시적인 탄식이 나
오고, 시적인 감탄이 나온다.

"내가 원하는 바… 오호라."

다윗도 성령에 사로잡힌 자로 시편 어떤 형편이든지 하나님을 신앙고백하고,
자신의 처지를 정확하게 볼 수 있는 눈이 열리고, 거기서 하나님의 섭리를 깨
닫고 감사로 찬양으로 영광 돌렸다. 어떤 형편이든지 부르짖어 기도할 때 자
족할 수 있다.

왜? 하나님이 허락하셨기 때문이다. 또 부르짖을 때 하나님의 섭리를 깨닫게

되고 하나님의 손길을 보게 된다.

어떤 문제를 하나님 앞에 가지고 나아가 기도하면, 그냥 기도하면 문제에 짓눌려 하나님의 뜻을 깨닫지 못한다. 부르짖어 기도할 때 나를 누르고 억압하는 어두움의 세력, 문제도 떠나가고 성령에게 사로잡힐 수 있다.

하나님의 섭리를 깨달을 때 순종할 수 있다

고통스러운 훈련과 연단 속에서 자족을 배우게 되고 하나님의 섭리를 깨달을 때 순종을 배우게 된다. 순종은 성도들의 큰 재산이다. 어떤 고난과 고통에 처할지라도 자족할 줄 아는 힘을 길러내야 한다. 신앙생활을 통해 하나님께 영광을 돌리고 승리하는 삶은, 자족할 줄 알고 하나님 섭리를 깨달아 순종하는 것이다. 믿음의 선진도 다 이런 훈련을 거쳐서 시대적인 인물로 쓰임 받았다.

다른 것은 틀린 것이 아니다. 나와 의견이 다르고, 생각이 다르고, 마음이 다르고, 방법이 다르고, 길이 다르고 뜻이 다른 경우가 많다. 늘 가까이에서 부딪친다. 말할 때 의논할 때 일할 때…, 가까이는 남편, 아내, 자녀, 부모, 형제, 친구, 교회 내에서 부딪친다.

나와 다른 것은 틀린 것이 아니다. 다른 것을 인정해 줄 때 관계가 아름다워진다. 안 맞는다고 부딪치고 싸울 때 원수가 되고 관계가 깨진다. 존재 자체를 감사하라고 했다. 배우자는 나를 훈련시키는 제일 좋은 파트너다. 나와 다르다고 원수가 아니다. 나의 파트너, 특히 나를 훈련시키는 파트너에게 감사하라한다. 훈련은 혼자 하는 것이 아니다.

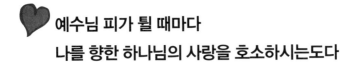# 예수님 피가 튈 때마다
나를 향한 하나님의 사랑을 호소하시는도다

왕을 거역하는 자, 왕을 반역하는 자, 적군, 적의 왕은 사형이다. 흉악범 죄인을 사형을 내린다. 방법은 총으로, 사약으로, 사지를 찢어, 화형으로, 칼로, 철퇴로 때려… 아무리 극형일지라도 몇 초만에, 몇 분만에 다 죽는다. 그러나 십자가의 극형은 몇 시간 동안 갈기갈기 찢기는 고통. 죗값을 완전 다 치르셨다. 죄의 삯은 사망이라고 했지만 예수님은 우리의 진홍같이 붉은 죄, 우리의 온갖 죄 때문에 그 죄를 다 뒤집어쓰고 십자가의 극형을 받으셨다. 진홍같이 붉은 죄가 다 없어지기까지 주님은 십자가에서 피 한 방울까지도 남기지 않고 다 흘리셨다. 예수님의 그 피로 우리의 아담의 피, 죄의 피를 다 계산하고 다 치루었기 때문에 예수님 피로 말미암아 우린 깨끗함을 받았고 죄인이 아니라 의인이라고 인정받게 되었다.

십자가의 극형은 한쪽 손에 못 박을 때 뼈가 부서지고 살이 찢어지고 피가 튄다.

또 한쪽 손에 못이 박힐 때 그 고통, 양발에 못이 박힐 때의 고통, 머리에 가시관을 씌울 때 찔림의 고통, 그 무거운 몸을 양손에 두 못으로, 양발에 박힌 그 못으로 지탱하기가 어려워 계속 계속 살과 뼈가 다 찢어지는 고통, 모진 채찍이 휘둘릴 때마다 "딱", "휙" 소리가 날 때마다 온몸을 휘감으며 살집을 다 뜯어내는 아픔과 고통의 비명…

예수님은 나를 살리고자 기꺼이 자기 피를 다 흘리셨다. 그 피비린내 나는 모진 고통의 무서움과 두려움에 온몸이 떨린다. 나의 무서움과 두려움을 다 감당하기 위해… 나를 살리고자 기꺼이 자기 피를 다 흘리고 계셨다!

돌아가시는 순간까지 그 고통의 피가 강물처럼 흘러내리네. 모진 채찍과 십자가 못 박히는 고통의 비명을 지를 때마다 그 피가 폭포수처럼 쏟아져 내렸다. 온몸이 피에 범벅이 되고 눈에도 피가 가득 귀에도 피가 가득 코에도 피가 펑펑 쏟아지셨다. 온 가슴도 피로 적셔졌다. 양손 양발도 피에 적셔졌다. 온몸이 피로 얼룩지셨다.

창에 찔려 마지막 한 방울 남은 피까지 다 쏟으셨다.
그 피가 강물이 되어 온 지구를 덮었다. 온 우주를 덮었다. 오늘 나까지 덮었다. 주님 오시는 그날까지 계속 죄인을 구원하기 위해 흐르고 있다. 지옥가야 될 나를 구원키 위해 지옥 형벌의 값을 그 아들로 대신 치르게 하셨다.

아들의 절규와 고통, 비명소리를 듣고 보고 계신 아버지의 마음…. 아들의 고통과 절규의 기도 소리. 아버지 생명이 그 고통을 다 채울 수가 있을까? 나를 사랑하시는 아버지의 마음은 아들의 고통과 비명과 절규와 피가 튈 때마다 하나님 아버지는 나의 영혼, 온 인류의 영혼 사랑함을 호소하신다.

주님은 마지막 한 방울 남은 피와 물을 다 쏟으시고 "목마르다"라고 하시고, 또 "다 이루었다"라고 하시고 돌아가셨다. "다 이루었다"함은 "너의 죗값을 다 치렀다. 그러니 이제부터는 너는 죄인이 아니다. 사탄의 종이 아니다. 하나님의 자녀가 되었다. 의롭게 되었다"라는 것이다.

이 순간 나는 하나님의 자녀로 태어났다.

십자가 피로 나를 낳으셨다. 나는 누가 뭐라 해도 하나님의 자녀다. 나의 본향은 천국이다. 나는 이 땅에 사는 동안 청지기다. 아버지가 맡겼다. 그러나 눈가림만하는 삯군이 아니다. 아버지가 주인이니 아버지가 맡겨주신 기업이니 청지기로서 철저히 살아야 한다.

 ## 나는 주님 앞에 이런 사람이 되고 싶다

"내가 겐그레아 교회의 일꾼으로 있는 우리 자매 뵈뵈를 너희에게 추천하노니 너희는 주 안에서 성도들의 합당한 예절로 그를 영접하고 무엇이든지 그에게 소용되는 바를 도와 줄지니 이는 그가 여러 사람과 나의 보호자가 되었음이라 너희는 그리스도 예수 안에서 나의 동역자들인 브리스가와 아굴라에게 문안하라 그들은 내 목숨을 위하여 자기들의 목까지도 내놓았나니 나뿐 아니라 이방인의 모든 교회도 그들에게 감사하느니라"(롬 16:1-4)

나는 주님이 기억하고 싶은 자가 되고 싶다.

도전과 감동은 피와 땀과 눈물에서 나온다. 안일한 삶에 빠진 자는 나태할 수밖에 없다. 이런 자는 이웃에게 별다른 영향을 미칠 수 없다. 불굴의 의지와 최선의 노력으로 획기적인 발전을 이루었을 때 많은 사람들에게 칭찬과 인정을 받을 수 있다.

다른 것보다 기도자로서, 찬양하는 자로서, 예배자로서, 복음 전하는 자로서, 주님을 감동시키는 자, 주님 기억에서 사라지는 자가 아니라 두고두고 기억되는 자가 되고 싶다.

힘에 넘치도록 헌신하는 사람이 되고 싶다.

한 알의 밀이 땅에 떨어져 죽을 때 거룩한 부흥이 일어난다.

이런 자가 되고 싶다.

주님의 자랑이 되는 자가 되고 싶다.

"나를 알고 생각하고 기억하는 자가 손가락질하고, 판단하고, 정죄하는 죄만 짓는 자는 없게 하시고, 나의 삶의 간증이 나를 기억하고 아는 자들의 주님 안에서 자랑, 산 간증이 되게 하소서."

 ## 성탄의 참 의미를 깨달으며…

죄를 짓고 사는 자는 짐승과 같다고 했다.

죄인은 죄를 먹고 산다.

예수님은 말구유에서 태어나셨다. 죄를 먹고 사는 그곳에 오셨다. 말구유는 세상을 먹고 사는 곳, 세상 속에 있는 자, 죄를 먹고 사는 곳이다. 이 짐승이 먹고 사는 말구유에 예수님이 찾아오셨다.

> "또 여자에게 이르시되 내가 네게 임신하는 고통을 크게 더하리니 네가 수고하고 자식을 낳을 것이며 너는 남편을 원하고 남편은 너를 다스릴 것이니라 하시고"(창 3:16)

"하나님이 세상을 이처럼 사랑하사 독생자를 주셨으니 이 는 저를 믿는 자마다 멸망치 않고 영생을 얻게 하려 하심이다"(요 3:16)

내가 사는 곳이 말구유다.

날마다 죄를 먹고 죄를 낳는 이런 나에게 예수님이 찾아오셨다. 이 말구유는 세상이다. 이 세상은 나였다. 이런 나를 하나님이 지극히 사랑하셔서 독생자를 주셨다. 또 이 예수님을 믿게 하셨고 영생을 얻게 하셨다.

이 세상은 마귀가 왕으로 있기 때문에 이 세상 것으로는 그 어떤 것으로도 죗값을 치를 수가 없다. 죄있는 모든 자는 마귀의 소유이니까 영원한 멸망이 보장된 자들이다. 영원한 멸망에서 끄집어내는 대가, 그 값은 지구로도 우주로도 그 어떤 것으로도 안 된다. 오직 죄없는 사람의 피로만 값을 지불할 수 있다.

하나님은 이 세상 즉 나를 "이처럼(지극히) 사랑하사"라는 말에서 "이처럼"이 실감이 났다. "이처럼" 안에는 하나님께서 "마음을 다하고, 성품을 다하고, 힘을 다하고, 뜻을 다하고, 목숨을 다해"라는 마음과 하나님의 그 사랑이 들어있다. 그 사랑이 십자가의 사랑이다. 하나님의 그 간절하고 애절하고 깊고 깊은 그 사랑으로 독생자 예수님을 나의 죗값을 치르어 구원하기 위해 십자가에 못 박혀 갈기갈기 찢겨 물과 피를 다 쏟기까지 그 고통을 말로 표현할 수 있으랴. 피와 물이 흐를 때마다 그 목마름으로 어떻게 표현하랴.

"의에 주리고 목마른 자는 복이 있나니 그들이 배부를 것임이요"(마 5:6)

죄인을 위해 흘리는 피가 흐르면 흐를수록 그의 목마름은 극에 달한다. 혀가 마를 대로 말라 갈라지고, 심령이 갈라지고, 모든 지체가 마르고 말라 갈라지고, 기능을 잃고, 목마름을 호소한다. 물을 호소한다. 피를 호소한다. 예수님은 마침내 "내가 목 마르다"라고 하시고 죽으셨다.

예수님의 그 목마름이 나의 배부름이 되었다.

예수님의 고통이 나에게 평화가 되었다.

예수님의 그 무서움과 두려움이 나에게 평안이 되었다.

예수님의 그 아픔의 절규가 나에게 치료가 되었다.

나의 저주의 값을 치렀다.

나의 죄의 값을 치렀다.

나의 질병의 값을 치렀다.

나의 가난의 값을 치렀다.

나의 연약의 값을 치렀다.

마귀의 소유였던 나를 모든 값을 다 치르고 사셨다.

그 모든 값에 예수님이 팔리셨다.

그 십자가에서 죗값을 치르는 십자가에서 머리도 가시 면류관으로 피로 얼룩지고, 양손과 양발에도 못이 박혀 피로 얼룩지고, 그 모진 채찍에 온몸이 피로 얼룩지고, 두 눈도 피로 얼룩지고, 두 귀도 그 피로 얼룩지고, 그 코도 피로 얼룩지고, 가슴에도 그 피로 얼룩지고, 모든 세포, 모든 장기, 모든 정신, 영까지 피로 얼룩졌다.

나의 연약, 죄악, 실수, 허물, 자랑, 질병, 저주 그 어느 것 하나도 남기지 않고 값을 다 치르셨다.

아, 주님의 사랑 높고 크셔라.

내 영혼, 메아리쳐 온다.

"이 은혜 감사 감격이 넘쳐 주님을 경배하는 자, 이 은혜 감사 감격이 넘쳐 주님을 예배하는 자, 이 은혜 감사 감격이 넘쳐 주님을 찬양하는 자, 이 은혜 감사 감격이 넘쳐 주님을 기뻐하는 자, 이 은혜 감사 감격이 넘쳐 주님을 감사하는 자."

이것이 성탄의 올바른 정신이며 성탄의 참 의미임을 깨달으며 이때까지 이런 정신, 참 의미를 모르고 성탄을 지낸 것을 회개한다.

이제 나는 예수님만을 사랑하며 예수님을 기뻐하며
예수님만을 자랑하며 살리라.
이를 위해 성령의 큰불을 내려 주소서.
성령의 강한 불로 임하소서.

예수님이 오신 목적은 하나님 아버지가 자기를 통해 나타나도록 하셨고 교회의 본질도 교회를 통해 하나님의 모습을 보이는 것이라고 했다. 교회가 예수님 믿는 자의 모임이라고 했다. 또 내 안에 예수님을 모셨기 때문에 내가, 우리 가정이 교회다.

예수님도 아버지 안에 거하고, 아버지와 하나되어 아버지를 자연스럽게 나타내 보였다.

배고픈 자에게 오병이어의 기적으로, 병든 자를 고치고, 귀신들린 자에게 귀신을 쫓아내고, 풍랑과 바람을 잠잠케함으로 예수님이 가는 곳마다 하나님을 나타내 보이셨다.

왕의 아들이지만 비천한 말구유에서 태어남도… 죄를 먹고사는 자는 짐승이라고 했는데 말구유가 그곳이다. 그런 우리에게 구원을 위해 아들 독생자를 보내사 하나님의 사랑을 나타내는 것이었고, 또 예수님은 스스로 말하지 않고 안에 계신 아버지로 말미암아 말씀하시고, 예수님의 기적은 가는 곳마다 예수님 안에 계시는 하나님이 일하셨기 때문에 기적이 일어났음을 보게 되니 감사하다.

> "그러므로 예수께서 그들에게 이르시되 내가 진실로 진실로 너희에게 이르노니 아들이 아버지께서 하시는 일을 보지 않고는 아무 것도 스스로 할 수 없나니 아버지께서 행하시는 그것을 아들도 그와 같이 행하느니라"(요 5:19)

우리도 예수님 안에 있으면 더 큰일을 할 수 있다 하셨는데 못하는 것은 잡것이 많이 들어있기 때문이라고 했다. 예수님 이름으로 명했는데 귀신이 안 나감은, 병이 안 고쳐짐은 내 안에 내가 있고 나를 조정하는 그 놈, 즉 악한 것이 있기 때문이라고 했다.

기도가 기도하게 하고 기도함으로 능력 받고 능력 받아 더 기도함으로 더 큰 능력이 임한다. 이 능력으로 마귀를 이기고 나가게 되니 감사.

"십자가의 도가 멸망하는 자들에게는 미련한 것이요 구원을 받는 우리에게는 하나님의 능력이라"(고전 1:18)

"오직 부르심을 받은 자들에게는 유대인이나 헬라인이나 그리스도는 하나님의 능력이요 하나님의 지혜니라"(고전 1:24)

십자가로 하나님은 자기가 죽음으로 즉 아들을 죽이므로 자기를 희생하여 죄인을 구원하셨다.

이 미련한 전도를 통해 구원해 기뻐하셨다.

그리스도는 하나님의 능력이요 하나님의 지혜이다. 십자가의 도는 하나님의 능력이다. 나를 구원하는 능력이다. 나의 지옥의 문제를 해결할 능력, 나의 질병을 치료할 능력, 나의 저주를 해결할 능력, 나의 가난을 해결할 능력, 마귀 지배 아래 있는 나를 해결할 능력, 마귀를 이길 능력, 그리스도는 하나님의 지혜요 하나님의 능력이다. 마귀 백성에서 하나님 백성이 되는 나의 빽이다. 마귀 아래 있는 나를 하나님 자녀로, 하나님 나라로 빼온 큰 빽(큰 힘)으로 뽑아서 하나님 자녀로 하나님께 속한 사람으로 삼으셨으니 감사감사하다.

그 빽의 손길이 내가 기도할 때마다 응답하셨으니 감사하다. 그 빽으로 구원받을 때 또 뽑혀올 때 다른 영혼들이 얼마나 부러워할까?

나는 세상의 빽이 없어도 괜찮다! 기죽지 않는다!

이 십자가의 능력이 힘이다. 이 힘이 빽이다!

십자가로 하나님은 자기가 죽음으로 즉 아들을 죽이므로 자기를 희생하여 죄인을 구원하셨다. 이 미련한 전도를 통해 구원해 기뻐하셨다.

망망한 바다 한가운데서 배 한 척이 침몰하게 되었습니다.
모두들 구명보트에 옮겨 탔지만 한 사람이 보이지 않았습니다.
절박한 표정으로 안절부절 못하던 성난 무리 앞에 급히 달려 나온 그 선원이
꼭 쥐고 있던 손바닥을 펴 보이며 말했습니다.
"모두들 나침반을 잊고 나왔기에…"
분명, 나침반이 없었다면 그들은 끝없이 바다 위를 표류할 수 밖에 없을 것입니다.

우리는 삶의 바다를 항해하는 모든 이들을 위하여
그 나침반의 역할을 하고 싶습니다.
우리를 구원하신 위대한 주 예수 그리스도를 널리 전하고 싶습니다.

"하나님은 모든 사람이 구원을 받으며
진리를 아는 데에 이르기를 원하시느니라"
(디모데전서 2장 4절)

하늘의 별처럼 수만 가지 감사들

지은이 | 옥덕자 원장
발행인 | 김용호
발행처 | 나침반출판사

제1판 발행 | 2021년 8월 1일

등 록 | 1980년 3월 18일 / 제 2-32호
본 사 | 07547 서울특별시 강서구 양천로 583
        블루나인 비즈니스센터 B동 1607호
전 화 | 본사 (02) 2279-6321 / 영업부 (031) 932-3205
팩 스 | 본사 (02) 2275-6003 / 영업부 (031) 932-3207
홈 피 | www.nabook.net
이 멜 | nabook365@hanmail.net
일러스트 제공 | 게티이미지뱅크

ISBN 978-89-318-1623-5
책번호 가-9084

값은 뒤표지에 있습니다.